Kinesisk Kjøkkenkunst
En Smakfull Reise

Li Wei

Innholdsfortegnelse

Introduksjon ... 10
   Krydret stekt svinekjøtt ... 11
   Dampet svinekjøttboller ... 12
   Svinekjøtt med kål ... 14
   Svinekjøtt med kål og tomater ... 16
   Marinert svinekjøtt med kål ... 17
   Svinekjøtt med selleri ... 19
   Svinekjøtt med kastanjer og sopp ... 20
   Svinekotelett Suey ... 21
   Svinekjøtt Chow Mein ... 22
   Stekt svinekjøtt Mein ... 24
   Svinekjøtt med chutney ... 25
   Svinekjøtt med agurk ... 26
   Sprø svinekjøttpakker ... 27
   Eggruller av svin ... 28
   Eggruller med svinekjøtt og reker ... 29
   Brasert svinekjøtt med egg ... 30
   Svinestek ... 31
   Frityrstekt svinefilet ... 32
   Fem-krydder svinekjøtt ... 33
   Braisert duftende svinekjøtt ... 34
   Svinekjøtt med hakket hvitløk ... 35
   Stekt svinekjøtt med ingefær ... 36
   Svinekjøtt med grønne bønner ... 37
   Svinekjøtt med skinke og tofu ... 38
   Stekt svinekjøtt kebab ... 40
   Braisert svineknoke i rød saus ... 41
   Marinert svinekjøtt ... 43
   Marinerte pinnekjøtt ... 44
   Svinekjøtt med sopp ... 45
   Dampet kjøttkake ... 46
   Rødkokt svinekjøtt med sopp ... 47

Svinekjøtt med nudelpannekake 48
Svinekjøtt og reker med nudelpannekake 49
Svinekjøtt med østerssaus 50
Svinekjøtt med peanøtter 51
Svinekjøtt med pepper 53
Krydret svinekjøtt med sylteagurk 54
Svinekjøtt med plommesaus 55
Svinekjøtt med reker 56
Rødkokt svinekjøtt 57
Svinekjøtt i rød saus 58
Svinekjøtt med risnudler 60
Rike svineboller 62
Stekt svinekoteletter 63
Krydret svinekjøtt 64
Glatte svinekjøttskiver 65
Svinekjøtt med spinat og gulrøtter 66
Dampet svinekjøtt 67
Opprørt svinekjøtt 68
Svinekjøtt med søtpoteter 69
Svin i sursøt-saus 70
Velsmakende svinekjøtt 71
Svinekjøtt med tofu 72
Bløtstekt svinekjøtt 73
Dobbeltkokt svinekjøtt 74
Svinekjøtt med grønnsaker 75
Svinekjøtt med valnøtter 76
Svinekjøtt Wontons 77
Svinekjøtt med vannkastanjer 78
Svinekjøtt og reker Wontons 79
Dampet kjøttboller 80
Spareribs med svart bønnesaus 81
Grillet Spare Ribs 82
Grillet spareribs i lønn 83
Frityrstekt Spare Ribs 84
Spareribs med purre 85
Spareribs med sopp 86

Spareribs med appelsin.. 87
Ananas Spare Ribs... 88
Sprø reker Spare Ribs.. 89
Spareribs med risvin... 90
Ribbe med sesamfrø... 91
Søt og sur spareribs... 92
Sautert spareribs.. 94
Ribbe med tomat... 95
Grillet svinekjøtt.. 96
Kaldt svinekjøtt med sennep... 97
Kinesisk stekt svinekjøtt.. 98
Svinekjøtt med spinat... 99
Frityrstekte svineboller.. 100
Eggruller med svinekjøtt og reker 101
Dampet hakket svinekjøtt.. 102
Frityrstekt svinekjøtt med krabbekjøtt 103
Svinekjøtt med bønnespirer... 104
Beruset svinekjøtt... 105
Dampet svinekam.. 106
Stekt svinekjøtt med grønnsaker 108
Dobbeltkokt svinekjøtt.. 109
Svinekjøtt Nyrer med Mangetout 110
Rødkokt skinke med kastanjer... 111
Frityrstekt skinke og eggeboller... 112
Skinke og ananas 113
Stekt skinke og spinat... 114
Enkel kyllingrøring... 116
Kylling i tomatsaus 117
Kylling med tomater... 118
Posjert kylling med tomater.. 119
Kylling og tomater med svart bønnesaus..................................... 120
Hurtigstekt kylling med grønnsaker 121
Valnøtt kylling.. 122
Kylling med valnøtter... 123
Kylling med vannkastanjer 124
Smakfull kylling med vannkastanjer 125

Kylling Wontons 126
Sprø kyllingvinger 127
Fem-krydder kyllingvinger 128
Marinerte kyllingvinger 129
Kongelige kyllingvinger 131
Krydret kyllingvinger 132
Grillede kyllinglår 133
Hoisin kyllinglår 134
Braisert kylling 135
Sprøstekt kylling 136
Frityrstekt hel kylling 137
Fem-krydder kylling 138
Ingefær og vårløk kylling 140
Posjert kylling 141
Rødkokt kylling 142
Rødkokt krydret kylling 143
Sesamstekt kylling 144
Kylling i soyasaus 145
Dampet kylling 146
Dampet kylling med anis 147
Kylling med en merkelig smak 148
Sprø kyllingbiter 149
Kylling med grønne bønner 150
Kokt kylling med ananas 151
Kylling med paprika og tomater 152
Sesamkylling 153
Friterte Poussins 154
Tyrkia med Mangetout 155
Kalkun med pepper 157
Kinesisk stekt Tyrkia 159
Kalkun med valnøtter og sopp 160
And med bambusskudd 161
And med bønnespirer 162
Braisert and 163
Dampet and med selleri 164
And med ingefær 165

And med grønne bønner 166
Frityrstekt dampet and 167
And med eksotisk frukt 168
Braisert and med kinesiske blader 170
Full Duck 171
Fem-krydder and 172
Andestekt med ingefær 173
And med skinke og purre 174
Honningstekt and 175
Fuktig andestekt 176
Andestekt med sopp 177
And med to sopp 179
Braisert and med løk 180
And med appelsin 182
Appelsin stekt and 183
And med pærer og kastanjer 184
Pekingand 185
Braisert and med ananas 187
Andestek med ananas 188
Ananas og ingefærand 189
And med ananas og litchi 190
And med svinekjøtt og kastanjer 191
And med poteter 192
Rødkokt and 194
Stekt and i risvin 195
Dampet and med risvin 196
Velsmakende and 197
Smakfull and med grønne bønner 198
Saktekokt and 200
Stekt and 201
And med søtpoteter 202
Søt og sur and 204
Mandarin and 207
And med grønnsaker 208
Andestek med grønnsaker 210
Hvitkokt and 211

And med vin 212
Vin-damp-and 213
Stekt fasan 213
Fasan med mandler 214
Vilt med tørket sopp 215
Saltede egg 217
Soyaegg 218
Te egg 219
Eggkrem 220
Dampet egg 221

Introduksjon

Alle som elsker å lage mat elsker å eksperimentere med nye retter og nye smaker. Kinesisk mat har blitt enormt populært de siste årene fordi det tilbyr et annet utvalg av smaker å nyte. De fleste rettene tilberedes på toppen av komfyren og mange blir raskt tilberedt og tilberedt, så de er ideelle for den travle kokken som ønsker å lage en appetittvekkende og attraktiv rett når det er lite tid til overs. Hvis du virkelig er interessert i kinesisk matlaging, har du sannsynligvis allerede en wok, og dette er det perfekte redskapet for å lage de fleste rettene i boken. Hvis du ennå ikke er overbevist om at denne matlagingsstilen er noe for deg, bruk en god stekepanne eller gryte for å prøve ut oppskriftene. Når du finner ut hvor enkle de er å tilberede og hvor velsmakende å spise,

Krydret stekt svinekjøtt

Server 4

450g/1lb svinekjøtt, i terninger

salt og pepper

30 ml/2 ss soyasaus

30 ml/2 ss hoisinsaus

45 ml/3 ss peanøttolje.

120 ml/4 fl oz/½ kopp risvin eller tørr sherry

300 ml/½ pt/1¼ kopper kyllingkraft

5 ml/1 ts femkrydderpulver

6 vårløk (skålløk), hakket

225 g østerssopp, i skiver

15 ml/1 ss maismel (maisstivelse)

Krydre kjøttet med salt og pepper. Ha i en form og bland inn soyasaus og hoisinsaus. Dekk til og la marinere i 1 time. Varm oljen og stek kjøttet til det er gyldenbrunt. Tilsett vin eller sherry, kraft og 5-krydderpulver, kok opp, legg på lokk og la det småkoke i 1 time. Tilsett vårløk og sopp, ta av lokket og la det småkoke i ytterligere 4 minutter. Bland maismelet med litt vann, kok opp igjen og la det småkoke under omrøring i 3 minutter til sausen tykner.

Dampet svinekjøttboller

Gjør 12

30 ml/2 ss hoisinsaus

15 ml/1 ss østerssaus

15 ml/1 ss soyasaus

2,5 ml/½ ts sesamolje

30 ml/2 ss peanøttolje.

10 ml/2 ts revet ingefærrot

1 fedd hvitløk, knust

300 ml/½ pt/1 ¼ kopper vann

15 ml/1 ss maismel (maisstivelse)

225 g/8 oz kokt svinekjøtt, finhakket

4 vårløk (skålløk), finhakket

350 g/12 oz/3 kopper allsidig mel

15 ml/1 ss bakepulver

2,5 ml/½ ts salt

50 g/2 oz/½ kopp smult

5 ml/1 ts vineddik

12 x 13 cm/5 i ruter av absorberende papir

Bland hoisin, østers og soyasaus og sesamolje sammen. Varm oljen og stek ingefær og hvitløk til de er lett brune. Tilsett sausblandingen og kok i 2 minutter. Bland 120 ml/½ kopp av vannet med maismel og rør inn i kjelen. Kok opp under omrøring og la det småkoke til blandingen tykner. Rør inn svinekjøttet og løken, og la det avkjøles.

Bland mel, bakepulver og salt sammen. Gni inn smult til blandingen minner om fine smuler. Bland vineddik og gjenværende vann, og bland det deretter inn i melet for å danne en fast deig. Elt lett på en melet overflate og dekk til og la stå i 20 minutter.

Elt deigen igjen og del den i 12 og form hver til en ball. Kjevle ut til 15 cm/6 i sirkler på en melet overflate. Legg skjeer av fyllet i midten av hver sirkel, pensle kantene med vann og klyp kantene sammen for å tette rundt fyllet. Pensle den ene siden av hver firkant med absorberende papir med olje. Legg hver bolle på en firkant med papir med sømsiden ned. Legg bollene i ett lag på en damprist over kokende vann. Dekk til bollene og damp dem i ca 20 minutter til de er gjennomstekt.

Svinekjøtt med kål

Server 4

6 tørkede kinesiske sopp

30 ml/2 ss peanøttolje.

450g/1lb svinekjøtt, kuttet i strimler

2 løk, i skiver

2 røde paprika, kuttet i strimler

350 g/12 oz hvitkål, strimlet

2 fedd hvitløk, finhakket

2 stykker stilk ingefær, hakket

30 ml/2 ss honning

45 ml/3 ss soyasaus

120 ml/4 fl oz/½ kopp tørr hvitvin

salt og pepper

10 ml/2 ts maismel (maisstivelse)

15 ml/1 ss vann

Bløtlegg soppen i varmt vann i 30 minutter og tøm deretter. Kast stilkene og skjær hettene i skiver. Varm oljen og stek svinekjøttet til det er lett brunt. Tilsett grønnsaker, hvitløk og ingefær og stek i 1 minutt. Tilsett honning, soyasaus og vin, kok opp, legg på lokk og la det småkoke i 40 minutter til kjøttet er gjennomstekt. Smak til med salt og pepper. Bland maismel og vann sammen og rør det inn i kjelen. Kok opp under konstant omrøring og la det småkoke i 1 minutt.

Svinekjøtt med kål og tomater

Server 4

30 ml/2 ss peanøttolje.
450 g/1 lb magert svinekjøtt, i skiver
salt og nykvernet pepper
1 fedd hvitløk, knust
1 løk, finhakket
½ kål, strimlet
450g/1lb tomater, skrellet og delt i kvarte
250 ml/8 fl oz/1 kopp buljong
30 ml/2 ss maismel (maisstivelse)
15 ml/1 ss soyasaus
60 ml/4 ss vann

Varm oljen og stek svinekjøttet, salt, pepper, hvitløk og løk til det er lett brunt. Tilsett kål, tomater og kraft, kok opp, legg på lokk og la det småkoke i 10 minutter til kålen er så vidt mør. Bland maismel, soyasaus og vann til en pasta, rør inn i kjelen og la det småkoke under omrøring til sausen blir klar og tykner.

Marinert svinekjøtt med kål

Server 4

350 g/12 oz svinekjøtt

2 vårløk (skålløk), hakket

1 skive ingefærrot, hakket

1 stang kanel

3 fedd stjerneanis

45 ml/3 ss brunt sukker

600 ml/1 pt/2½ kopper vann

15 ml/1 ss peanøttolje.

15 ml/1 ss soyasaus

5 ml/1 ts tomatpuré (pasta)

5 ml/1 ts østerssaus

100g/4oz kinakålhjerter

100 g/4 oz pak choi

Skjær svinekjøttet i 10 cm/4 biter og ha det i en bolle. Tilsett vårløk, ingefær, kanel, stjerneanis, sukker og vann og la stå i 40 minutter. Varm opp oljen, løft svinekjøttet fra marinaden og ha det i pannen. Stek til den er lett brun, tilsett deretter soyasaus, tomatpuré og østerssaus. Kok opp og la det småkoke i ca 30 minutter til svinekjøttet er mørt og væsken er redusert, tilsett litt mer vann under koking.

Damp i mellomtiden kålhjerter og pak choi over kokende vann i ca 10 minutter til de er møre. Legg dem på en varm tallerken, topp med svinekjøtt og hell sausen over.

Svinekjøtt med selleri

Server 4

45 ml/3 ss peanøttolje.

1 fedd hvitløk, knust

1 vårløk (skålløk), hakket

1 skive ingefærrot, hakket

225 g/8 oz magert svinekjøtt, kuttet i strimler

100 g selleri, i tynne skiver

45 ml/3 ss soyasaus

15 ml/1 ss risvin eller tørr sherry

5 ml/1 ts maismel (maisstivelse)

Varm oljen og fres hvitløk, vårløk og ingefær lett brunet. Tilsett svinekjøttet og stek i 10 minutter til det er gyldent. Tilsett sellerien og stek i 3 minutter. Tilsett de resterende ingrediensene og kok i 3 minutter.

Svinekjøtt med kastanjer og sopp

Server 4

4 tørkede kinesiske sopp

100 g/4 oz/1 kopp kastanjer

30 ml/2 ss peanøttolje.

2,5 ml/½ ts salt

450g/1lb magert svinekjøtt, i terninger

15 ml/1 ss soyasaus

375 ml/13 fl oz/1½ dl kyllingkraft

100g/4oz vannkastanjer, i skiver

Bløtlegg soppen i varmt vann i 30 minutter og tøm deretter. Kast stilkene og halver hettene. Blancher kastanjene i kokende vann i 1 minutt og la dem renne av. Varm opp olje og salt, og stek deretter svinekjøttet til det er lett brunt. Tilsett soyasausen og stek i 1 minutt. Tilsett buljong og kok opp. Tilsett kastanjene og vannkastanjene, kok opp igjen, legg på lokk og la det småkoke i ca. 1½ time, til kjøttet er mørt.

Svinekotelett Suey

Server 4

100g/4oz bambusskudd, kuttet i strimler

100g/4oz vannkastanjer, i tynne skiver

60 ml/4 ss peanøttolje.

3 vårløk (skålløk), hakket

2 fedd hvitløk, knust

1 skive ingefærrot, hakket

225 g/8 oz magert svinekjøtt, kuttet i strimler

45 ml/3 ss soyasaus

15 ml/1 ss risvin eller tørr sherry

5 ml/1 ts salt

5 ml/1 ts sukker

nykvernet pepper

15 ml/1 ss maismel (maisstivelse)

Blancher bambusskudd og vannkastanjer i kokende vann i 2 minutter, tøm deretter og tørk. Varm opp 45 ml/3 ss olje og stek vårløk, hvitløk og ingefær lett brun. Tilsett svinekjøttet og stek i 4 minutter. Fjern fra pannen.

Varm opp den resterende oljen og stek grønnsakene i 3 minutter. Tilsett svinekjøtt, soyasaus, vin eller sherry, salt, sukker og en klype pepper og stek i 4 minutter. Bland maismelet med litt vann, rør det i kjelen og la det småkoke under omrøring til sausen blir klar og tykner.

Svinekjøtt Chow Mein

Server 4

4 tørkede kinesiske sopp

30 ml/2 ss peanøttolje.

2,5 ml/½ ts salt

4 vårløk (skålløk), hakket

225 g/8 oz magert svinekjøtt, kuttet i strimler

15 ml/1 ss soyasaus

5 ml/1 ts sukker

3 stilker selleri, hakket

1 løk, i terninger

100 g/4 oz sopp, halvert

120 ml/½ kopp kyllingkraft

myke stekte nudler

Bløtlegg soppen i varmt vann i 30 minutter og tøm deretter. Kast stilkene og skjær hettene i skiver. Varm olje og salt og stek vårløken til den er myk. Tilsett svinekjøttet og stek til det er lett brunt. Bland inn soyasaus, sukker, selleri, løk og både fersk og tørket sopp og stek i ca. 4 minutter til ingrediensene er godt blandet. Tilsett kraft og la det småkoke i 3 minutter. Tilsett halvparten av nudlene i pannen og rør forsiktig, tilsett deretter de resterende nudlene og rør til de er gjennomvarme.

Stekt svinekjøtt Mein

Server 4

100g/4oz bønnespirer

45 ml/3 ss peanøttolje.

100 g kinakål, strimlet

225 g/8 oz stekt svinekjøtt, i skiver

5 ml/1 ts salt

15 ml/1 ss risvin eller tørr sherry

Blancher bønnespirene i kokende vann i 4 minutter, og tøm deretter. Varm oljen og stek bønnespirene og kålen til de er så vidt myke. Tilsett svinekjøtt, salt og sherry og stek til det er gjennomvarmt. Tilsett halvparten av de drenerte nudlene i pannen og rør forsiktig til de er gjennomvarme. Tilsett de resterende nudlene og rør til de er gjennomvarme.

Svinekjøtt med chutney

Server 4

5 ml/1 ts femkrydderpulver

5 ml/1 ts karripulver

450g/1lb svinekjøtt, kuttet i strimler

30 ml/2 ss peanøttolje.

6 vårløk (skålløk), kuttet i strimler

1 stilk selleri, kuttet i strimler

100g/4oz bønnespirer

1 x 200 g/7 oz krukke kinesisk søt pickles, i terninger

45 ml/3 ss mangochutney

30 ml/2 ss soyasaus

30 ml/2 ss tomatpuré (pasta)

150 ml/¼ pt/sjenerøs ½ kopp kyllingkraft

10 ml/2 ts maismel (maisstivelse)

Gni krydderne godt inn i svinekjøttet. Varm oljen og stek kjøttet i 8 minutter eller til det er gjennomstekt. Fjern fra pannen. Tilsett grønnsakene i pannen og stek i 5 minutter. Ha svinekjøttet tilbake i gryten med alle de resterende ingrediensene unntatt maismelet. Rør til det er gjennomvarmet. Bland maismelet med litt vann, rør det i kjelen og la det småkoke under omrøring til sausen tykner.

Svinekjøtt med agurk

Server 4

225 g/8 oz magert svinekjøtt, kuttet i strimler
30 ml/2 ss vanlig (all-purpose) mel
salt og nykvernet pepper
60 ml/4 ss peanøttolje.
225 g/8 oz agurk, skrelt og skåret i skiver
30 ml/2 ss soyasaus

Vend inn svinekjøttet i melet og smak til med salt og pepper. Varm oljen og stek svinekjøttet i ca 5 minutter til det er gjennomstekt. Tilsett agurk og soyasaus og stek i ytterligere 4 minutter. Sjekk og juster krydderet og server med stekt ris.

Sprø svinekjøttpakker

Server 4

4 tørkede kinesiske sopp

30 ml/2 ss peanøttolje.

225 g/8 oz svinekam, hakket (kvernet)

50 g/2 oz skrellede reker, hakket

15 ml/1 ss soyasaus

15 ml/1 ss maismel (maisstivelse)

30 ml/2 ss vann

8 vårruller

100 g/4 oz/1 kopp maismel (maisstivelse)

olje til frityrsteking

Bløtlegg soppen i varmt vann i 30 minutter og tøm deretter. Kast stilkene og finhakk hettene. Varm oljen og stek sopp, svinekjøtt, reker og soyasaus i 2 minutter. Bland maismel og vann til en pasta og rør inn i blandingen for å lage fyllet.

Skjær omslagene i strimler, legg litt fyll i enden av hver og rull til trekanter, forsegl med litt mel og vannblanding. Dryss rikelig med maismel. Varm oljen og stek trekantene til de er sprø og gyllenbrune. Tøm godt før servering.

Eggruller av svin

Server 4

225 g/8 oz magert svinekjøtt, strimlet
1 skive ingefærrot, hakket
1 vårløk, hakket
15 ml/1 ss soyasaus
15 ml/1 ss vann
12 eggrullskinn
1 egg, pisket
olje til frityrsteking

Bland svinekjøtt, ingefær, løk, soyasaus og vann sammen. Legg litt av fyllet i midten av hvert skinn og pensle kantene med sammenvispet egg. Brett inn sidene og rull deretter eggerullen vekk fra deg, forsegl kantene med egg. Damp på rist i dampkoker i 30 minutter til svinekjøttet er stekt. Varm oljen og stek i noen minutter til den er sprø og gylden.

Eggruller med svinekjøtt og reker

Server 4

30 ml/2 ss peanøttolje.

225 g/8 oz magert svinekjøtt, strimlet

6 vårløk (skålløk), hakket

225g/8oz bønnespirer

100 g/4 oz skrellede reker, hakket

15 ml/1 ss soyasaus

2,5 ml/½ ts salt

12 eggrullskinn

1 egg, pisket

olje til frityrsteking

Varm oljen og stek svinekjøttet og vårløken til de er lett brune. I mellomtiden blancherer du bønnespirene i kokende vann i 2 minutter, og tøm deretter. Tilsett bønnespirene i pannen og stek i 1 minutt. Tilsett rekene, soyasausen og saltet og stek i 2 minutter. La avkjøles.

Legg litt fyll i midten av hvert skinn og pensle kantene med sammenvispet egg. Brett inn sidene og rull deretter opp eggerullene, forsegle kantene med egg. Varm oljen og stek eggrullene til de er sprø og gylne.

Brasert svinekjøtt med egg

Server 4

450g/1lb magert svinekjøtt

30 ml/2 ss peanøttolje.

1 løk, hakket

90 ml/6 ss soyasaus

45 ml/3 ss risvin eller tørr sherry

15 ml/1 ss brunt sukker

3 hardkokte (hardkokte) egg

Kok opp en kjele med vann, tilsett svinekjøttet, kok opp igjen og kok til det er lukket. Ta ut av pannen, renn godt av og skjær deretter i terninger. Varm oljen og stek løken til den er myk. Tilsett svinekjøttet og stek til det er lett brunt. Rør inn soyasaus, vin eller sherry og sukker, dekk til og la det småkoke i 30 minutter, rør av og til. Skjær lett utsiden av eggene og tilsett dem i gryten, dekk til og la det småkoke i ytterligere 30 minutter.

Svinestek

Server 4

450g/1lb svinekam, kuttet i strimler

30 ml/2 ss soyasaus

30 ml/2 ss hoisinsaus

5 ml/1 ts femkrydderpulver

15 ml/1 ss pepper

15 ml/1 ss brunt sukker

15 ml/1 ss sesamolje

30 ml/2 ss peanøttolje.

6 vårløk (skålløk), hakket

1 grønn paprika, kuttet i biter

200g/7oz bønnespirer

2 ananasskiver i terninger

45 ml/3 ss tomatketchup (catsup)

150 ml/¼ pt/sjenerøs ½ kopp kyllingkraft

Legg kjøttet i en bolle. Bland soyasaus, hoisinsaus, femkrydderpulver, pepper og sukker, hell over kjøttet og la det marinere i 1 time. Varm opp oljene og stek kjøttet til det er gyldenbrunt. Fjern fra pannen. Tilsett grønnsakene og stek i 2 minutter. Tilsett ananas, tomatketchup og buljong og kok opp. Ha kjøttet tilbake i pannen og varm gjennom før servering.

Frityrstekt svinefilet

Server 4

350 g/12 oz svinekam, i terninger

15 ml/1 ss risvin eller tørr sherry

15 ml/1 ss soyasaus

5 ml/1 ts sesamolje

30 ml/2 ss maismel (maisstivelse)

olje til frityrsteking

Bland svinekjøtt, vin eller sherry, soyasaus, sesamolje og maismel sammen slik at svinekjøttet er belagt med en tykk røre. Varm oljen og stek svinekjøttet i ca 3 minutter til det er sprøtt. Ta svinekjøttet ut av pannen, varm opp oljen igjen og stek igjen i ca 3 minutter.

Fem-krydder svinekjøtt

Server 4

225 g/8 oz magert svinekjøtt

5 ml/1 ts maismel (maisstivelse)

2,5 ml/½ ts femkrydderpulver

2,5 ml/½ ts salt

15 ml/1 ss risvin eller tørr sherry

20 ml/2 ss peanøttolje.

120 ml/½ kopp kyllingkraft

Skjær svinekjøttet i tynne skiver mot kornet. Bland svinekjøttet med maismel, femkrydderpulver, salt og vin eller sherry og rør godt for å dekke svinekjøttet. La stå i 30 minutter, rør av og til. Varm opp oljen, tilsett svinekjøttet og stek i ca 3 minutter. Tilsett kraft, kok opp, dekk til og la det småkoke i 3 minutter. Server umiddelbart.

Braisert duftende svinekjøtt

Serverer 6-8

1 stykke mandarinskall

45 ml/3 ss peanøttolje.

900g/2lb magert svinekjøtt, i terninger

250 ml/1 kopp risvin eller tørr sherry

120 ml/4 fl oz/½ kopp soyasaus

2,5 ml/½ ts anispulver

½ kanelstang

4 nellik

5 ml/1 ts salt

250 ml/8 fl oz/1 kopp vann

2 vårløk (skålløk), i skiver

1 skive ingefærrot, hakket

Bløtlegg mandarinskallet i vann mens du forbereder retten. Varm oljen og stek svinekjøttet til det er lett brunt. Tilsett vin eller sherry, soyasaus, anispulver, kanel, nellik, salt og vann. Kok opp, tilsett mandarinskall, vårløk og ingefær. Sett på lokk og la det småkoke i ca. 1½ time, til de er møre, rør av og til og tilsett litt ekstra kokende vann om nødvendig. Fjern krydderne før servering.

Svinekjøtt med hakket hvitløk

Server 4

450 g/1 lb svinekjøtt, flådd

3 skiver ingefærrot

2 vårløk (skålløk), hakket

30 ml/2 ss finhakket hvitløk

30 ml/2 ss soyasaus

5 ml/1 ts salt

15 ml/1 ss kyllingkraft

2,5 ml/½ ts chiliolje

4 kvister koriander

Ha svinekjøttet i en kjele med ingefær og vårløk, dekk med vann, kok opp og la det småkoke i 30 minutter til det er gjennomstekt. Ta ut og renne godt av, skjær deretter i tynne skiver ca. 5 cm/2 i kvadrat. Legg skivene i en metallsil. Kok opp en kjele med vann, tilsett svineskivene og stek i 3 minutter til de er gjennomvarme. Anrett på et oppvarmet serveringsfat. Bland hvitløk, soyasaus, salt, buljong og chiliolje sammen og hell det over svinekjøttet. Server garnert med koriander.

Stekt svinekjøtt med ingefær

Server 4

225 g/8 oz magert svinekjøtt

5 ml/1 ts maismel (maisstivelse)

30 ml/2 ss soyasaus

30 ml/2 ss peanøttolje.

1 skive ingefærrot, hakket

1 vårløk (skålløk), i skiver

45 ml/3 ss vann

5 ml/1 ts brunt sukker

Skjær svinekjøttet i tynne skiver mot kornet. Ha i maismel og dryss så over soyasaus og bland igjen. Varm oljen og stek svinekjøttet i 2 minutter til det er lukket. Tilsett ingefær og vårløk og stek i 1 minutt. Tilsett vann og sukker, dekk til og la det småkoke i ca 5 minutter til det er gjennomstekt.

Svinekjøtt med grønne bønner

Server 4

450g/1lb grønne bønner, kuttet i biter

30 ml/2 ss peanøttolje.

2,5 ml/½ ts salt

1 skive ingefærrot, hakket

225 g/8 oz magert svinekjøtt, hakket (kvernet)

120 ml/½ kopp kyllingkraft

75 ml/5 ss vann

2 egg

15 ml/1 ss maismel (maisstivelse)

Kok bønnene i ca. 2 minutter og tøm dem. Varm oljen og stek salt og ingefær i noen sekunder. Tilsett svinekjøttet og stek til det er lett brunt. Tilsett bønnene og stek i 30 sekunder, bland med oljen. Rør inn kraften, kok opp, dekk til og la det småkoke i 2 minutter. Pisk 30 ml/2 ss vann sammen med eggene og rør dem inn i kjelen. Bland resten av vannet med maismel. Når eggene begynner å stivne, rør inn maismel og kok til blandingen tykner. Server umiddelbart.

Svinekjøtt med skinke og tofu

Server 4

4 tørkede kinesiske sopp
5 ml/1 ts peanøttolje.
100 g/4 oz røkt skinke, i skiver
225 g/8 oz tofu, i skiver
225 g/8 oz magert svinekjøtt, i skiver
15 ml/1 ss risvin eller tørr sherry
salt og nykvernet pepper
1 skive ingefærrot, hakket
1 vårløk (skålløk), hakket
10 ml/2 ts maismel (maisstivelse)
30 ml/2 ss vann

Bløtlegg soppen i varmt vann i 30 minutter og tøm deretter. Kast stilkene og halver hettene. Gni en varmefast bolle med peanøttolje. Legg sopp, skinke, tofu og svin lagvis i fatet med svinekjøtt på toppen. Dryss over vin eller sherry, salt og pepper, ingefær og vårløk. Dekk til og damp på rist over kokende vann i ca 45 minutter til den er kokt. Hell sausen fra bollen uten å forstyrre ingrediensene. Tilsett nok vann til å lage 250 ml/8 fl oz/1 kopp. Bland maismel og vann sammen og rør det inn i sausen. Tilsett i bollen og la det småkoke under omrøring til sausen blir klar og tykner. Vend svinekjøttblandingen over på en varm tallerken, hell sausen over og server.

Stekt svinekjøtt kebab

Server 4

450g/1lb indrefilet av svin, i tynne skiver

100 g kokt skinke, i tynne skiver

6 vannkastanjer, i tynne skiver

30 ml/2 ss soyasaus

30 ml/2 ss vineddik

15 ml/1 ss brunt sukker

15 ml/1 ss østerssaus

noen dråper chiliolje

45 ml/3 ss maismel (maisstivelse)

30 ml/2 ss risvin eller tørr sherry

2 egg, pisket

olje til frityrsteking

Trekk svinekjøtt, skinke og vannkastanjer vekselvis på små spyd. Bland soyasaus, vineddik, sukker, østerssaus og chiliolje sammen. Hell over kebabene, dekk til og la dem marinere i kjøleskapet i 3 timer. Bland maismel, vin eller sherry og egg til en jevn, tykk røre. Rull kebabene i røren for å dekke dem. Varm oljen og stek kebabene til de er lyse gyldenbrune.

Braisert svineknoke i rød saus

Server 4

1 stor knoke svinekjøtt

1 L/1½ pt/4¼ kopper kokende vann

5 ml/1 ts salt

120 ml/4 fl oz/½ kopp vineddik

120 ml/4 fl oz/½ kopp soyasaus

45 ml/3 ss honning

5 ml/1 ts einebær

5 ml/1 ts anis

5 ml/1 ts koriander

60 ml/4 ss peanøttolje.

6 vårløk (skålløk), i skiver

2 gulrøtter, i tynne skiver

1 stilk selleri, i skiver

45 ml/3 ss hoisinsaus

30 ml/2 ss mangochutney

75 ml/5 ss tomatpuré (pasta)

1 fedd hvitløk, knust

60 ml/4 ss hakket gressløk

Kok opp svinekjøttet med vann, salt, vineddik, 45 ml/3 ss soyasaus, honning og krydder. Tilsett grønnsakene, kok opp igjen, legg på lokk og la det småkoke i ca. 1½ time, til kjøttet er mørt. Fjern kjøttet og grønnsakene fra pannen, skjær kjøttet av benet og del det i terninger. Varm oljen og stek kjøttet til det er gyldenbrunt. Tilsett grønnsakene og stek i 5 minutter. Tilsett resterende soyasaus, hoisinsaus, chutney, tomatpuré og hvitløk. Kok opp under omrøring og la det småkoke i 3 minutter. Server drysset med gressløk.

Marinert svinekjøtt

Server 4

450g/1lb magert svinekjøtt
1 skive ingefærrot, hakket
1 fedd hvitløk, knust
90 ml/6 ss soyasaus
15 ml/1 ss risvin eller tørr sherry
45 ml/3 ss peanøttolje.
1 vårløk (skålløk), i skiver
15 ml/1 ss brunt sukker
nykvernet pepper

Bland svinekjøttet med ingefær, hvitløk, 30ml/2 ss soyasaus og vin eller sherry. La stå i 30 minutter, rør av og til, og løft deretter kjøttet fra marinaden. Varm oljen og stek svinekjøttet til det er lett brunt. Tilsett vårløk, sukker, den resterende soyasausen og en klype pepper, legg på lokk og la det småkoke i ca 45 minutter til svinekjøttet er kokt. Skjær svinekjøttet i terninger og server deretter.

Marinerte pinnekjøtt

Serverer 6

6 pinnekjøtt

1 skive ingefærrot, hakket

1 fedd hvitløk, knust

90 ml/6 ss soyasaus

30 ml/2 ss risvin eller tørr sherry

45 ml/3 ss peanøttolje.

2 vårløk (skålløk), hakket

15 ml/1 ss brunt sukker

nykvernet pepper

Skjær beinet av pinnekjøttet og skjær kjøttet i terninger. Bland ingefær, hvitløk, 30 ml/2 ss soyasaus og vin eller sherry, hell over svinekjøttet og la det marinere i 30 minutter, rør av og til. Fjern kjøttet fra marinaden. Varm oljen og stek svinekjøttet til det er lett brunt. Tilsett vårløk og stek i 1 minutt. Bland resten av soyasausen med sukker og en klype pepper. Rør inn sausen, kok opp, legg på lokk og la det småkoke i ca 30 minutter til svinekjøttet er mørt.

Svinekjøtt med sopp

Server 4

25g/1oz tørket kinesisk sopp

30 ml/2 ss peanøttolje.

1 fedd hvitløk, finhakket

225 g/8 oz magert svinekjøtt, i skiver

4 vårløk (skålløk), hakket

15 ml/1 ss soyasaus

15 ml/1 ss risvin eller tørr sherry

5 ml/1 ts sesamolje

Bløtlegg soppen i varmt vann i 30 minutter og tøm deretter. Kast stilkene og skjær hettene i skiver. Varm oljen og stek hvitløken til den er lett brun. Tilsett svinekjøttet og stek til det er brunt. Rør inn vårløk, sopp, soyasaus og vin eller sherry og stek i 3 minutter. Rør inn sesamolje og server umiddelbart.

Dampet kjøttkake

Server 4

450g/1lb hakket (kvernet) svinekjøtt

4 vannkastanjer, finhakket

225 g/8 oz sopp, finhakket

5 ml/1 ts soyasaus

salt og nykvernet pepper

1 egg, lett pisket

Bland alle ingrediensene godt og form blandingen til en flat terte på en ildfast plate. Legg platen på en rist i en dampkoker, dekk til og damp i 1½ time.

Rødkokt svinekjøtt med sopp

Server 4

450g/1lb magert svinekjøtt, i terninger

250 ml/8 fl oz/1 kopp vann

15 ml/1 ss soyasaus

15 ml/1 ss risvin eller tørr sherry

5 ml/1 ts sukker

5 ml/1 ts salt

225 g/8 oz knappsopp

Ha svinekjøttet og vannet i en kjele og kok opp vannet. Dekk til og la det småkoke i 30 minutter, og hell deretter av kraften. Ha svinekjøttet tilbake i pannen og tilsett soyasausen. La det småkoke på lav varme under omrøring til soyasausen er absorbert. Rør inn vin eller sherry, sukker og salt Hell i reservert kraft, kok opp, legg på lokk og la det småkoke i ca 30 minutter, snu kjøttet av og til. Tilsett soppen og la det småkoke i ytterligere 20 minutter.

Svinekjøtt med nudelpannekake

Server 4

30 ml/2 ss peanøttolje.

5 ml/2 ts salt

225 g/8 oz magert svinekjøtt, kuttet i strimler

225 g/8 oz kinakål, strimlet

100g/4oz bambusskudd, strimlet

100 g/4 oz sopp, i tynne skiver

150 ml/¼ pt/sjenerøs ½ kopp kyllingkraft

10 ml/2 ts maismel (maisstivelse)

15 ml/1 ss risvin eller tørr sherry

15 ml/1 ss vann

nudelpannekake

Varm opp oljen og stek salt og svinekjøtt til det har fått lett farge. Tilsett kål, bambusskudd og sopp og stek i 1 minutt. Tilsett kraften, kok opp, dekk til og la det småkoke i 4 minutter til svinekjøttet er kokt. Bland maismelet til en pasta med vin eller sherry og vann, rør det inn i kjelen og la det småkoke under omrøring til sausen blir klar og tykner. Hell over nudelpannekaken til servering.

Svinekjøtt og reker med nudelpannekake

Server 4

30 ml/2 ss peanøttolje.

5 ml/1 ts salt

4 vårløk (skålløk), hakket

1 fedd hvitløk, knust

225 g/8 oz magert svinekjøtt, kuttet i strimler

100 g/4 oz sopp, i skiver

4 stilker selleri, i skiver

225 g/8 oz skrellede reker

30 ml/2 ss soyasaus

10 ml/1 ts maismel (maisstivelse)

45 ml/3 ss vann

nudelpannekake

Varm olje og salt og fres vårløk og hvitløk til den er myk. Tilsett svinekjøttet og stek til det er lett brunt. Tilsett sopp og selleri og stek i 2 minutter. Tilsett rekene, dryss over soyasaus og rør til de er gjennomvarme. Bland maismel og vann til en pasta, rør inn i pannen og la det småkoke under omrøring til det er varmt. Hell over nudelpannekaken til servering.

Svinekjøtt med østerssaus

Serverer 4-6

450g/1lb magert svinekjøtt

15 ml/1 ss maismel (maisstivelse)

10 ml/2 ts risvin eller tørr sherry

klype sukker

45 ml/3 ss peanøttolje.

10 ml/2 ts vann

30 ml/2 ss østerssaus

nykvernet pepper

1 skive ingefærrot, hakket

60 ml/4 ss kyllingkraft

Skjær svinekjøttet i tynne skiver mot kornet. Bland 5 ml/1 ts maismel med vin eller sherry, sukker og 5 ml/1 ts olje, tilsett svinekjøttet og rør godt. Bland det resterende maismelet med vannet, østerssaus og en klype pepper. Varm opp den resterende oljen og stek ingefæren i 1 minutt. Tilsett svinekjøttet og stek til det er lett brunt. Tilsett kraft og vann og østerssausblanding, kok opp, legg på lokk og la det småkoke i 3 minutter.

Svinekjøtt med peanøtter

Server 4

450g/1lb magert svinekjøtt, i terninger

15 ml/1 ss maismel (maisstivelse)

5 ml/1 ts salt

1 eggehvite

3 vårløk (skålløk), hakket

1 fedd hvitløk, finhakket

1 skive ingefærrot, hakket

45 ml/3 ss kyllingkraft

15 ml/1 ss risvin eller tørr sherry

15 ml/1 ss soyasaus

10 ml/2 ts svart sirup

45 ml/3 ss peanøttolje.

½ agurk, i terninger

25 g/1 oz/¼ kopp peanøtter med skall

5 ml/1 ts chiliolje

Bland svinekjøttet med halvparten av maismelet, saltet og eggehviten og rør godt for å dekke svinekjøttet. Bland det resterende maismelet med vårløk, hvitløk, ingefær, kraft, vin eller sherry, soyasaus og sirup. Varm oljen og stek svinekjøttet til det er lett brunt, ta deretter ut av pannen. Tilsett agurken i pannen og stek i noen minutter. Ha svinekjøttet tilbake i pannen og rør lett. Rør inn krydderblandingen, kok opp og la det småkoke under omrøring til sausen blir klar og tykner. Rør inn peanøtter og chiliolje og varm gjennom før servering.

Svinekjøtt med pepper

Server 4

45 ml/3 ss peanøttolje.

225 g/8 oz magert svinekjøtt, i terninger

1 løk, i terninger

2 grønn paprika i terninger

½ hode kinesiske blader i terninger

1 skive ingefærrot, hakket

15 ml/1 ss soyasaus

15 ml/1 ss sukker

2,5 ml/½ ts salt

Varm oljen og stek svinekjøttet i ca 4 minutter til det er gyldenbrunt. Tilsett løken og stek i ca 1 minutt. Tilsett paprika og stek i 1 minutt. Tilsett de kinesiske bladene og stek i 1 minutt. Bland de resterende ingrediensene sammen, rør dem inn i pannen og stek i ytterligere 2 minutter.

Krydret svinekjøtt med sylteagurk

Server 4

900g/2lb svinekoteletter

30 ml/2 ss maismel (maisstivelse)

45 ml/3 ss soyasaus

30 ml/2 ss søt sherry

5 ml/1 ts revet ingefærrot

2,5 ml/½ ts femkrydderpulver

klype nykvernet pepper

olje til frityrsteking

60 ml/4 ss kyllingkraft

Kinesiske syltede grønnsaker

Kutt kotelettene, kast alt fett og bein. Bland maismel, 30ml/2 ss soyasaus, sherry, ingefær, 5-krydders pulver og pepper sammen. Hell over svinekjøttet og rør for å dekkes helt. Dekk til og mariner i 2 timer, snu av og til. Varm oljen og stek svinekjøttet til det er gyldenbrunt og gjennomstekt. La renne av på kjøkkenpapir. Skjær svinekjøttet i tykke skiver, ha over i en oppvarmet tallerken og hold den varm. Bland buljongen og den resterende soyasausen sammen i en liten kjele. Kok opp og hell over det skivede svinekjøttet. Server garnert med blandet sylteagurk.

Svinekjøtt med plommesaus

Server 4

450g/1lb lapskaus svinekjøtt, i terninger

2 fedd hvitløk, knust

salt

60 ml/4 ss tomatketchup (catsup)

30 ml/2 ss soyasaus

45 ml/3 ss plommesaus

5 ml/1 ts karripulver

5 ml/1 ts paprika

2,5 ml/½ teskje nykvernet pepper

45 ml/3 ss peanøttolje.

6 vårløk (skålløk), kuttet i strimler

4 gulrøtter, kuttet i strimler

Mariner kjøttet med hvitløk, salt, tomatketchup, soyasaus, plommesaus, karripulver, paprika og pepper i 30 minutter.

Varm oljen og stek kjøttet til det er lett brunt. Fjern fra woken. Ha grønnsakene i oljen og stek til de er akkurat møre. Ha kjøttet tilbake i pannen og varm opp forsiktig før servering.

Svinekjøtt med reker

Serverer 6-8

900g/2lb magert svinekjøtt

30 ml/2 ss peanøttolje.

1 løk, i skiver

1 vårløk (skålløk), hakket

2 fedd hvitløk, knust

30 ml/2 ss soyasaus

50 g/2 oz skrellede reker, hakket

(land)

600 ml/1 pt/2½ kopper kokende vann

15 ml/1 ss sukker

Kok opp en kjele med vann, tilsett svinekjøttet, dekk til og la det småkoke i 10 minutter. Fjern fra pannen og renne godt av, og del deretter i terninger. Varm oljen og stek løk, vårløk og hvitløk til de er lett brune. Tilsett svinekjøttet og stek til det er lett brunt. Tilsett soyasaus og reker og stek i 1 minutt. Tilsett kokende vann og sukker, dekk til og la det småkoke i ca 40 minutter til svinekjøttet er mørt.

Rødkokt svinekjøtt

Server 4

675 g/1½ lb magert svinekjøtt, i terninger
250 ml/8 fl oz/1 kopp vann
1 skive ingefærrot, knust
60 ml/4 ss soyasaus
15 ml/1 ss risvin eller tørr sherry
5 ml/1 ts salt
10 ml/2 ts brunt sukker

Ha svinekjøttet og vannet i en kjele og kok opp vannet. Tilsett ingefær, soyasaus, sherry og salt, legg på lokk og la det småkoke i 45 minutter. Tilsett sukker, snu kjøttet, legg på lokk og la det småkoke i ytterligere 45 minutter til svinekjøttet er mørt.

Svinekjøtt i rød saus

Server 4

30 ml/2 ss peanøttolje.

225 g/8 oz svinenyrer, kuttet i strimler

450g/1lb svinekjøtt, kuttet i strimler

1 løk, i skiver

4 vårløk (skålløk), kuttet i strimler

2 gulrøtter, kuttet i strimler

1 stilk selleri, kuttet i strimler

1 rød paprika, kuttet i strimler

45 ml/3 ss soyasaus

45 ml/3 ss tørr hvitvin

300 ml/½ pt/1¼ kopper kyllingkraft

30 ml/2 ss plommesaus

30 ml/2 ss vineddik

5 ml/1 ts femkrydderpulver

5 ml/1 ts brunt sukker

15 ml/1 ss maismel (maisstivelse)

15 ml/1 ss vann

Varm oljen og stek nyrene i 2 minutter, og fjern dem deretter fra pannen. Varm opp oljen igjen og stek svinekjøttet til det er lett brunt. Tilsett grønnsakene og stek i 3 minutter. Tilsett soyasaus, vin, buljong, plommesaus, vineddik, femkrydderpulver og sukker, kok opp, legg på lokk og la det småkoke i 30 minutter til det er kokt. Tilsett nyrene. Bland maismel og vann sammen og rør i kjelen. Kok opp og la det småkoke under omrøring til sausen tykner.

Svinekjøtt med risnudler

Server 4

4 tørkede kinesiske sopp

100 g/4 oz risnudler

225 g/8 oz magert svinekjøtt, kuttet i strimler

15 ml/1 ss maismel (maisstivelse)

15 ml/1 ss soyasaus

15 ml/1 ss risvin eller tørr sherry

45 ml/3 ss peanøttolje.

2,5 ml/½ ts salt

1 skive ingefærrot, hakket

2 stilker selleri, hakket

120 ml/½ kopp kyllingkraft

2 vårløk (skalløk), i skiver

Bløtlegg soppen i varmt vann i 30 minutter og tøm deretter. Kast og stilker og skjær hettene i skiver. Bløtlegg nudlene i varmt vann i 30 minutter, tøm deretter og kutt i 5 cm/2 biter. Legg svinekjøttet i en bolle. Bland maismel, soyasaus og vin eller sherry sammen, hell over svinekjøttet og vend til pels. Varm oljen og stek salt og ingefær i noen sekunder. Tilsett svinekjøttet og stek til det er lett brunt. Tilsett sopp og selleri og stek i 1 minutt. Tilsett kraft, kok opp, dekk til og la det småkoke i 2 minutter. Tilsett nudler og varm opp i 2 minutter. Rør inn vårløken og server umiddelbart.

Rike svineboller

Server 4

450g/1lb hakket (kvernet) svinekjøtt

100 g/4 oz tofu, most

4 vannkastanjer, finhakket

salt og nykvernet pepper

120 ml/4 fl oz/½ kopp peanøttolje (peanøttolje).

1 skive ingefærrot, hakket

600 ml/1 pt/2½ kopper kyllingkraft

15 ml/1 ss soyasaus

5 ml/1 ts brunt sukker

5 ml/1 ts risvin eller tørr sherry

Bland svinekjøtt, tofu og kastanjer og smak til med salt og pepper. Form til store kuler. Varm oljen og stek svinebollene til de er gyldenbrune på alle sider, ta deretter ut av pannen. Hell av alt bortsett fra 15 ml/1 ss olje og tilsett ingefær, kraft, soyasaus, sukker og vin eller sherry. Ha svinebollene tilbake i kjelen, kok opp og la det småkoke i 20 minutter til de er gjennomstekt.

Stekt svinekoteletter

Server 4

4 pinnekjøtt

75 ml/5 ss soyasaus

olje til frityrsteking

100 g stangselleri

3 vårløk (skålløk), hakket

1 skive ingefærrot, hakket

15 ml/1 ss risvin eller tørr sherry

120 ml/½ kopp kyllingkraft

salt og nykvernet pepper

5 ml/1 ts sesamolje

Dypp pinnekjøttet i soyasausen til det er godt dekket. Varm oljen og stek kotelettene til de er gyldenbrune. Fjern og tøm godt. Legg sellerien i bunnen av en grunn ildfast form. Dryss over vårløk og ingefær og legg pinnekjøttet på toppen. Hell vin eller sherry og kraft over og smak til med salt og pepper. Dryss over sesamolje. Stek i en forvarmet ovn ved 200°C/400°C/gassmerke 6 i 15 minutter.

Krydret svinekjøtt

Server 4

1 agurk, i terninger

salt

450g/1lb magert svinekjøtt, i terninger

5 ml/1 ts salt

45 ml/3 ss soyasaus

30 ml/2 ss risvin eller tørr sherry

30 ml/2 ss maismel (maisstivelse)

15 ml/1 ss brunt sukker

60 ml/4 ss peanøttolje.

1 skive ingefærrot, hakket

1 fedd hvitløk, finhakket

1 rød chilipepper, frøet og hakket

60 ml/4 ss kyllingkraft

Dryss salt på agurken og la den stå til siden. Bland svinekjøtt, salt, 15ml/1 ss soyasaus, 15ml/1 ss vin eller sherry, 15ml/1 ss maismel, sukker og 15ml/1 ss olje sammen. La stå i 30 minutter og løft deretter kjøttet fra marinaden. Varm opp den resterende oljen og stek svinekjøttet til det er lett brunt. Tilsett ingefær, hvitløk og chili og stek i 2 minutter. Tilsett agurken og stek i 2 minutter. Bland kraften og den resterende soyasausen, vin eller sherry og maismel inn i marinaden. Rør dette inn i kjelen og kok opp under omrøring. La det småkoke under omrøring til sausen blir klar og tykk, og la det småkoke til kjøttet er gjennomstekt.

Glatte svinekjøttskiver

Server 4

225 g/8 oz magert svinekjøtt, i skiver

2 eggehviter

15 ml/1 ss maismel (maisstivelse)

45 ml/3 ss peanøttolje.

50g/2oz bambusskudd, i skiver

6 vårløk (skålløk), hakket

2,5 ml/½ ts salt

15 ml/1 ss risvin eller tørr sherry

150 ml/¼ pt/sjenerøs ½ kopp kyllingkraft

Kast svinekjøttet med eggehviter og maismel til det er godt dekket. Varm oljen og stek svinekjøttet til det er lett brunt, ta deretter ut av pannen. Tilsett bambusskudd og vårløk og stek i 2 minutter. Ha svinekjøttet tilbake i gryten med salt, vin eller sherry og kyllingkraft. Kok opp og la det småkoke under omrøring i 4 minutter til svinekjøttet er kokt.

Svinekjøtt med spinat og gulrøtter

Server 4

225 g/8 oz magert svinekjøtt

2 gulrøtter, kuttet i strimler

225 g/8 oz spinat

45 ml/3 ss peanøttolje.

1 vårløk (skålløk), finhakket

15 ml/1 ss soyasaus

2,5 ml/½ ts salt

10 ml/2 ts maismel (maisstivelse)

30 ml/2 ss vann

Skjær svinekjøttet i tynne skiver mot kornet, og skjær deretter i strimler. Kok gulrøttene i ca 3 minutter og la dem renne av.

Halver spinatbladene. Varm oljen og stek vårløken til den er gjennomsiktig. Tilsett svinekjøttet og stek til det er lett brunt. Tilsett gulrøtter og soyasaus og stek i 1 minutt. Tilsett salt og spinat og kok i ca 30 sekunder til den begynner å bli myk. Bland maismel og vann til en pasta, rør inn i sausen og kok til den er klar, og server deretter umiddelbart.

Dampet svinekjøtt

Server 4

450g/1lb magert svinekjøtt, i terninger
120 ml/4 fl oz/½ kopp soyasaus
120 ml/4 fl oz/½ kopp risvin eller tørr sherry
15 ml/1 ss brunt sukker

Bland alle ingrediensene sammen og ha i en varmefast bolle. Damp på rist over kokende vann i ca 1½ time til den er gjennomstekt.

Opprørt svinekjøtt

Server 4

25g/1oz tørket kinesisk sopp

15 ml/1 ss peanøttolje.

450 g/1 lb magert svinekjøtt, i skiver

1 grønn paprika, i terninger

15 ml/1 ss soyasaus

15 ml/1 ss risvin eller tørr sherry

5 ml/1 ts salt

5 ml/1 ts sesamolje

Bløtlegg soppen i varmt vann i 30 minutter og tøm deretter. Kast stilkene og skjær hettene i skiver. Varm oljen og stek svinekjøttet til det er lett brunt. Tilsett pepper og stek i 1 minutt. Tilsett sopp, soyasaus, vin eller sherry og salt og stek i noen minutter til kjøttet er gjennomstekt. Rør inn sesamolje før servering.

Svinekjøtt med søtpoteter

Server 4

olje til frityrsteking

2 store søtpoteter, i skiver

30 ml/2 ss peanøttolje.

1 skive ingefærrot, i skiver

1 løk, i skiver

450g/1lb magert svinekjøtt, i terninger

15 ml/1 ss soyasaus

2,5 ml/½ ts salt

nykvernet pepper

250 ml/8 fl oz/1 kopp kyllingkraft

30 ml/2 ss karripulver

Varm oljen og stek søtpotetene til de er gyldne. Fjern fra pannen og renn godt av. Varm peanøttolje og fres ingefær og løk til de er lett brune. Tilsett svinekjøttet og stek til det er lett brunt. Tilsett soyasaus, salt og en klype pepper og rør så inn kraft og karri, kok opp og la det småkoke under omrøring i 1 minutt. Tilsett de stekte potetene, dekk til og la det småkoke i 30 minutter til svinekjøttet er kokt.

Svin i sursøt-saus

Server 4

450g/1lb magert svinekjøtt, i terninger

15 ml/1 ss risvin eller tørr sherry

15 ml/1 ss peanøttolje.

5 ml/1 ts karripulver

1 egg, pisket

salt

100 g maismel (maisstivelse)

olje til frityrsteking

1 fedd hvitløk, knust

75 g/3 oz/½ kopp sukker

50 g/2 oz tomatketchup (catsup)

5 ml/1 ts vineddik

5 ml/1 ts sesamolje

Bland svinekjøttet med vin eller sherry, olje, karripulver, egg og litt salt. Bland inn maismel til svinekjøttet er dekket av røren. Varm oljen til den ryker, tilsett deretter svineterningene et par ganger. Stek i ca 3 minutter og la deretter renne av og sett til side. Varm opp oljen igjen og stek terningene igjen i ca 2 minutter. Fjern og tøm. Varm opp hvitløk, sukker, tomatketchup og vineddik under omrøring til sukkeret har løst seg opp. Kok opp og tilsett deretter svineterningene og rør godt. Rør inn sesamolje og server.

Velsmakende svinekjøtt

Server 4

30 ml/2 ss peanøttolje.
450g/1lb magert svinekjøtt, i terninger
3 vårløk (skålløk), i skiver
2 fedd hvitløk, knust
1 skive ingefærrot, hakket
250 ml/8 fl oz/1 kopp soyasaus
30 ml/2 ss risvin eller tørr sherry
30 ml/2 ss brunt sukker

5 ml/1 ts salt

600 ml/1 pt/2½ kopper vann

Varm oljen og stek svinekjøttet til det er gyldenbrunt. Hell av overflødig olje, tilsett vårløk, hvitløk og ingefær og stek i 2 minutter. Tilsett soyasaus, vin eller sherry, sukker og salt og rør godt. Tilsett vannet, kok opp, dekk til og la det småkoke i 1 time.

Svinekjøtt med tofu

Server 4

450g/1lb magert svinekjøtt

45 ml/3 ss peanøttolje.

1 løk, i skiver

1 fedd hvitløk, knust

225 g/8 oz tofu, i terninger

375 ml/13 fl oz/1½ dl kyllingkraft

15 ml/1 ss brunt sukker

60 ml/4 ss soyasaus

2,5 ml/½ ts salt

Ha svinekjøttet i en kjele og dekk med vann. Kok opp og la det småkoke i 5 minutter. Hell av og la avkjøles, del deretter i terninger.

Varm oljen og stek løk og hvitløk til de er lett brune. Tilsett svinekjøttet og stek til det er lett brunt. Tilsett tofuen og rør forsiktig til den er dekket med olje. Tilsett buljong, sukker, soyasaus og salt, kok opp, legg på lokk og la det småkoke i ca. 40 minutter til svinekjøttet er mørt.

Bløtstekt svinekjøtt

Server 4

225 g/8 oz indrefilet av svin, i terninger
1 eggehvite
30 ml/2 ss risvin eller tørr sherry
salt
225 g maismel (maisstivelse)
olje til frityrsteking

Bland svinekjøttet med eggehvite, vin eller sherry og litt salt. Arbeid gradvis inn nok maismel til å lage en tykk røre. Varm oljen og stek svinekjøttet til det er gyldenbrunt og sprøtt på utsiden og mørt på innsiden.

Dobbeltkokt svinekjøtt

Server 4

225 g/8 oz magert svinekjøtt

45 ml/3 ss peanøttolje.

2 grønne paprika, kuttet i biter

2 fedd hvitløk, finhakket

2 vårløk (skålløk), i skiver

15 ml/1 ss varm bønnesaus

15 ml/1 ss kyllingkraft

5 ml/1 ts sukker

Ha pinnekjøttet i en panne, dekk med vann, kok opp og la det småkoke i 20 minutter til den er gjennomstekt. Fjern og tøm, la den avkjøles. Skjær i tynne skiver.

Varm oljen og stek svinekjøttet til det er lett brunt. Tilsett paprika, hvitløk og vårløk og stek i 2 minutter. Fjern fra pannen. Tilsett bønnesaus, kraft og sukker i pannen og la det småkoke under omrøring i 2 minutter. Ha tilbake svinekjøttet og paprikaen og stek til det er gjennomvarmt. Server umiddelbart.

Svinekjøtt med grønnsaker

Server 4

2 fedd hvitløk, knust

5 ml/1 ts salt

2,5 ml/½ teskje nykvernet pepper

30 ml/2 ss peanøttolje.

30 ml/2 ss soyasaus

225 g/8 oz brokkolibuketter

200 g/7 oz blomkålbuketter

1 rød paprika, i terninger

1 løk, hakket

2 appelsiner, skrelt og i terninger

1 stk stilk ingefær, hakket

30 ml/2 ss maismel (maisstivelse)

300 ml/½ pt/1¼ kopper vann

20 ml/2 ss vineddik

15 ml/1 ss honning
klype malt ingefær
2,5 ml/½ ts spisskummen

Knus hvitløk, salt og pepper inn i kjøttet. Varm oljen og stek kjøttet lett brunt. Fjern fra pannen. Tilsett soyasaus og grønnsaker i pannen og stek til de er møre, men fortsatt sprø. Tilsett appelsiner og ingefær. Bland maismel og vann og rør det inn i pannen med vineddik, honning, ingefær og spisskummen. Kok opp og la det småkoke under omrøring i 2 minutter. Ha svinekjøttet tilbake i pannen og varm gjennom før servering.

Svinekjøtt med valnøtter

Server 4

50 g/2 oz/½ kopp valnøtter
225 g/8 oz magert svinekjøtt, kuttet i strimler
30 ml/2 ss vanlig (all-purpose) mel
30 ml/2 ss brunt sukker
30 ml/2 ss soyasaus
olje til frityrsteking
15 ml/1 ss peanøttolje.

Blancher valnøttene i kokende vann i 2 minutter og la dem renne av. Bland svinekjøttet med mel, sukker og 15 ml/1 ss soyasaus til det er godt dekket. Varm oljen og stek svinekjøttet til det er sprøtt og gyllent. La renne av på kjøkkenpapir. Varm peanøttolje og stek valnøttene til de er gylne. Ha svinekjøttet i pannen, strø over resten av soyasausen og stek til det er gjennomvarmet.

Svinekjøtt Wontons

Server 4

450g/1lb hakket (kvernet) svinekjøtt
1 vårløk (skålløk), hakket
225g/8oz blandede grønnsaker, hakket
30 ml/2 ss soyasaus
5 ml/1 ts salt
40 wonton skinn
olje til frityrsteking

Varm opp en panne og stek svinekjøttet og vårløken til de er lett brune. Ta av varmen og rør inn grønnsaker, soyasaus og salt.

For å brette wontonene, hold skinnet i venstre håndflate og hell litt fyll i midten. Fukt kantene med egg og brett skinnet til en trekant, forsegl kantene. Fukt hjørnene med egg og vri dem sammen.

Varm opp oljen og stek wontonene noen om gangen til de er gyldenbrune. Tøm godt før servering.

Svinekjøtt med vannkastanjer

Server 4

45 ml/3 ss peanøttolje.

1 fedd hvitløk, knust

1 vårløk (skålløk), hakket

1 skive ingefærrot, hakket

225 g/8 oz magert svinekjøtt, kuttet i strimler

100g/4oz vannkastanjer, i tynne skiver

45 ml/3 ss soyasaus

15 ml/1 ss risvin eller tørr sherry

5 ml/1 ts maismel (maisstivelse)

Varm oljen og fres hvitløk, vårløk og ingefær lett brunet. Tilsett svinekjøttet og stek i 10 minutter til det er gyldent. Tilsett vannkastanjene og stek i 3 minutter. Tilsett de resterende ingrediensene og kok i 3 minutter.

Svinekjøtt og reker Wontons

Server 4

225 g/8 oz hakket (kvernet) svinekjøtt

2 vårløk (skålløk), hakket

100g/4oz blandede grønnsaker, hakket

100 g/4 oz sopp, hakket

225 g/8 oz skrellede reker, hakket

15 ml/1 ss soyasaus

2,5 ml/½ ts salt

40 wonton skinn

olje til frityrsteking

Varm opp en panne og stek svinekjøtt og vårløk til de er lett brune. Rør inn de resterende ingrediensene.

For å brette wontonene, hold skinnet i venstre håndflate og hell litt fyll i midten. Fukt kantene med egg og brett skinnet til en trekant, forsegl kantene. Fukt hjørnene med egg og vri dem sammen.

Varm opp oljen og stek wontonene noen om gangen til de er gyldenbrune. Tøm godt før servering.

Dampet kjøttboller

Server 4

2 fedd hvitløk, knust

2,5 ml/½ ts salt

450g/1lb hakket (kvernet) svinekjøtt

1 løk, hakket

1 rød paprika, hakket

1 grønn paprika, hakket

2 stykker stilk ingefær, hakket

5 ml/1 ts karripulver

5 ml/1 ts paprika

1 egg, pisket

45 ml/3 ss maismel (maisstivelse)

50 g/2 oz kortkornet ris

salt og nykvernet pepper

60 ml/4 ss hakket gressløk

Bland hvitløk, salt, svinekjøtt, løk, paprika, ingefær, karri og paprika sammen. Arbeid egget inn i maismel- og risblandingen. Smak til med salt og pepper og bland så gressløken i. Form blandingen til små kuler med våte hender. Legg disse i en dampkurv, dekk til og kok over forsiktig kokende vann i 20 minutter til de er kokte.

Spareribs med svart bønnesaus

Server 4

900g/2lb svinekjøtt spareribs
2 fedd hvitløk, knust
2 vårløk (skålløk), hakket
30 ml/2 ss svart bønnesaus
30 ml/2 ss risvin eller tørr sherry
15 ml/1 ss vann
30 ml/2 ss soyasaus
15 ml/1 ss maismel (maisstivelse)
5 ml/1 ts sukker
120 ml/4 fl oz½ kopp vann
30 ml/2 ss olje
2,5 ml/½ ts salt
120 ml/½ kopp kyllingkraft

Skjær spareribsene i 2,5 cm/1 biter. Bland hvitløk, vårløk, svart bønnesaus, vin eller sherry, vann og 15 ml/1 ss soyasaus. Bland resten av soyasausen med maismel, sukker og vann. Varm olje og salt og stek ribba til den er gyldenbrun. Tapp av oljen. Tilsett hvitløksblandingen og stek i 2 minutter. Tilsett kraft, kok opp, dekk til og la det småkoke i 4 minutter. Rør inn maismelblandingen og la det småkoke under omrøring til sausen blir klar og tykner.

Grillet Spare Ribs

Server 4

3 fedd hvitløk, knust

75 ml/5 ss soyasaus

60 ml/4 ss hoisinsaus

60 ml/4 ss risvin eller tørr sherry

45 ml/3 ss brunt sukker

30 ml/2 ss tomatpuré (pasta)

900g/2lb svinekjøtt spareribs

15 ml/1 ss honning

Bland hvitløk, soyasaus, hoisinsaus, vin eller sherry, sukker og tomatpuré, hell over ribba, dekk til og la stå over natten.

Tøm ribba og legg den på rist i en langpanne med litt vann under. Stek i en forvarmet ovn ved 180°C/350°F/gassmerke 4 i 45 minutter, tøs av og til med marinaden, og behold 30 ml/2 ss av marinaden. Bland den reserverte marinaden med honningen og pensle over ribba. Grill eller grill (stek) under varm grill i ca 10 minutter.

Grillet spareribs i lønn

Server 4

900g/2lb svinekjøtt spareribs

60 ml/4 ss lønnesirup

5 ml/1 ts salt

5 ml/1 ts sukker

45 ml/3 ss soyasaus

15 ml/1 ss risvin eller tørr sherry

1 fedd hvitløk, knust

Skjær spareribsene i 5 cm/2 biter og legg dem i en bolle. Bland alle ingrediensene sammen, tilsett spareribs og rør godt. Dekk til og la marinere over natten. Grill (stek) eller grill på middels varme i ca. 30 minutter.

Frityrstekt Spare Ribs

Server 4

900g/2lb svinekjøtt spareribs
120 ml/4 fl oz/½ kopp tomatketchup (catsup)
120 ml/4 fl oz/½ kopp vineddik
60 ml/4 ss mangochutney
45 ml/3 ss risvin eller tørr sherry
2 fedd hvitløk, finhakket
5 ml/1 ts salt
45 ml/3 ss soyasaus
30 ml/2 ss honning
15 ml/1 ss mildt karripulver
15 ml/1 ss paprika
olje til frityrsteking
60 ml/4 ss hakket gressløk

Legg spareribsene i en bolle. Bland alle ingrediensene unntatt olje og gressløk sammen, hell over ribba, dekk til og la marinere i minst 1 time. Varm oljen og stek ribba til den er sprø. Server drysset med gressløk.

Spareribs med purre

Server 4

450g/1lb svinekjøtt spareribs

olje til frityrsteking

250 ml/8 fl oz/1 kopp buljong

30 ml/2 ss tomatketchup (catsup)

2,5 ml/½ ts salt

2,5 ml/½ ts sukker

2 purre, kuttet i biter

6 vårløk (skålløk), kuttet i biter

50 g brokkolibuketter

5 ml/1 ts sesamolje

Skjær spareribsene i 5 cm/2 biter. Varm oljen og stek ribba til den så vidt begynner å bli brun. Ta dem ut av pannen og hell av alt unntatt 30 ml/2 ss olje. Tilsett buljong, tomatketchup, salt og sukker, kok opp og la det småkoke i 1 minutt. Ha spareribsene tilbake i kjelen og la det småkoke i ca 20 minutter til de er møre.

Varm imens opp ytterligere 30 ml/2 ss olje og stek purre, vårløk og brokkoli i ca. 5 minutter. Dryss over sesamolje og legg rundt en oppvarmet tallerken. Legg spareribs og saus i midten og server.

Spareribs med sopp

Serverer 4-6

6 tørkede kinesiske sopp
900g/2lb svinekjøtt spareribs
2 fedd stjerneanis
45 ml/3 ss soyasaus
5 ml/1 ts salt
15 ml/1 ss maismel (maisstivelse)

Bløtlegg soppen i varmt vann i 30 minutter og tøm deretter. Kast og stilker og skjær hettene i skiver. Skjær spareribsene i 5 cm/2 biter. Kok opp en kjele med vann, tilsett spareribs og la det småkoke i 15 minutter. Tøm godt. Ha ribba tilbake i pannen og dekk med kaldt vann. Tilsett sopp, stjerneanis, soyasaus og salt. Kok opp, legg på lokk og la det småkoke i ca 45 minutter til kjøttet er mørt. Bland maismelet med litt kaldt vann, rør det i kjelen og la det småkoke under omrøring til sausen blir klar og tykner.

Spareribs med appelsin

Server 4

900g/2lb svinekjøtt spareribs

5 ml/1 ts revet ost

5 ml/1 ts maismel (maisstivelse)

45 ml/3 ss risvin eller tørr sherry

salt

olje til frityrsteking

15 ml/1 ss vann

2,5 ml/½ ts sukker

15 ml/1 ss tomatpuré (pasta)

2,5 ml/½ ts chilisaus

revet skall av 1 appelsin

1 appelsin, i skiver

Skjær spareribsene i biter og bland med ost, maismel, 5ml/1 ts vin eller sherry og en klype salt. La marinere i 30 minutter.

Varm oljen og stek ribba i ca 3 minutter til den er gyldenbrun. Varm 15 ml/1 ss olje i en wok, tilsett vann, sukker, tomatpuré, chilisaus, appelsinskall og resterende vin eller sherry og rør over svak varme i 2 minutter. Tilsett svinekjøttet og rør til det er godt dekket. Ha over på et oppvarmet serveringsfat og server pyntet med appelsinskiver.

Ananas Spare Ribs

Server 4

900g/2lb svinekjøtt spareribs

600 ml/1 pt/2½ kopper vann

30 ml/2 ss peanøttolje.

2 fedd hvitløk, finhakket

200 g/7 oz kan ananasbiter i fruktjuice

120 ml/½ kopp kyllingkraft

60 ml/4 ss vineddik

50 g/2 oz/¼ kopp brunt sukker

15 ml/1 ss soyasaus

15 ml/1 ss maismel (maisstivelse)

3 vårløk (skålløk), hakket

Ha svinekjøttet og vannet i en kjele, kok opp, dekk til og la det småkoke i 20 minutter. Tøm godt.

Varm oljen og stek hvitløken til den er lett brun. Tilsett ribba og stek den godt dekket i oljen. Tøm ananasbitene og tilsett 120 ml/4 fl oz/½ kopp juice i kjelen med kraft, eddik, sukker og soyasaus. Kok opp, dekk til og la det småkoke i 10 minutter. Tilsett den drenerte ananasen. Bland maismelet med litt vann, rør det inn i sausen og la det småkoke under omrøring til sausen blir klar og tykner. Server drysset med vårløk.

Sprø reker Spare Ribs

Server 4

900g/2lb svinekjøtt spareribs
450g/1lb skrellede reker
5 ml/1 ts sukker
salt og nykvernet pepper
30 ml/2 ss vanlig (all-purpose) mel
1 egg, lett pisket
100 g/4 oz brødsmuler
olje til frityrsteking

Skjær spareribsene i 5 cm/2 biter. Skjær av litt av kjøttet og finhakk det med reker, sukker, salt og pepper. Rør inn mel og nok egg til at blandingen blir klissete. Press rundt spareribsbitene og dryss dem med brødsmuler. Varm oljen og stek spareribsene til de kommer til overflaten. Hell godt av og server varm.

Spareribs med risvin

Server 4

900g/2lb svinekjøtt spareribs

450 ml/¾ pt/2 kopper vann

60 ml/4 ss soyasaus

5 ml/1 ts salt

30 ml/2 ss risvin

5 ml/1 ts sukker

Skjær ribba i 2,5 cm/1 biter. Ha vann, soyasaus og salt i en kjele, kok opp, legg på lokk og la det småkoke i 1 time. Tøm godt. Varm opp en panne og tilsett spareribs, risvin og sukker. Stek på høy varme til væsken har fordampet.

Ribbe med sesamfrø

Server 4

900g/2lb svinekjøtt spareribs

1 egg

30 ml/2 ss vanlig (all-purpose) mel

5 ml/1 ts potetmel

45 ml/3 ss vann

olje til frityrsteking

30 ml/2 ss peanøttolje.

30 ml/2 ss tomatketchup (catsup)

30 ml/2 ss brunt sukker

10 ml/2 ts vineddik

45 ml/3 ss sesamfrø

4 salatblader

Skjær spareribsene i 10 cm/4 biter og legg dem i en bolle. Bland egget med mel, potetmel og vann, rør inn ribba og la stå i 4 timer.

Varm oljen og stek spareribsene til de er gyldne, ta deretter ut og renne av. Varm oljen og stek tomatketchup, sukker, vineddik i noen minutter. Tilsett spareribs og kok til de er godt dekket. Dryss over sesamfrø og stek i 1 minutt. Legg salatbladene på en varm tallerken, topp med spareribs og server.

Søt og sur spareribs

Server 4

900g/2lb svinekjøtt spareribs
600 ml/1 pt/2½ kopper vann
30 ml/2 ss peanøttolje.
2 fedd hvitløk, knust
5 ml/1 ts salt
100g/4oz/½ kopp brunt sukker

75 ml/5 ss kyllingkraft

60 ml/4 ss vineddik

100g/4oz kan ananasbiter i sirup

15 ml/1 ss tomatpuré (pasta)

15 ml/1 ss soyasaus

15 ml/1 ss maismel (maisstivelse)

30 ml/2 ss tørket kokosnøtt

Ha svinekjøttet og vannet i en kjele, kok opp, dekk til og la det småkoke i 20 minutter. Tøm godt.

Varm oljen og stek ribba med hvitløk og salt til den er brun. Tilsett sukker, kraft og vineddik og kok opp. Tøm ananasen og tilsett 30 ml/2 ss sirup i pannen med tomatpuré, soyasaus og maismel. Rør godt og la det småkoke under omrøring til sausen blir klar og tykner. Tilsett ananas, la det småkoke i 3 minutter og server drysset med kokos.

Sautert spareribs

Server 4

900g/2lb svinekjøtt spareribs

1 egg, pisket

5 ml/1 ts soyasaus

5 ml/1 ts salt

10 ml/2 ts maismel (maisstivelse)

10 ml/2 ts sukker

60 ml/4 ss peanøttolje.

250 ml/8 fl oz/1 kopp vineddik

250 ml/8 fl oz/1 kopp vann

250 ml/1 kopp risvin eller tørr sherry

Legg spareribsene i en bolle. Bland egget med soyasausen, saltet, halvparten av maismelet og halvparten av sukkeret, tilsett ribba og rør godt. Varm oljen og stek ribba til den er brun. Tilsett de resterende ingrediensene, kok opp og la det småkoke til væsken nesten har fordampet.

Ribbe med tomat

Server 4

900g/2lb svinekjøtt spareribs
75 ml/5 ss soyasaus
30 ml/2 ss risvin eller tørr sherry
2 egg, pisket
45 ml/3 ss maismel (maisstivelse)
olje til frityrsteking
45 ml/3 ss peanøttolje.
1 løk, i tynne skiver
250 ml/8 fl oz/1 kopp kyllingkraft
60 ml/4 ss tomatketchup (catsup)
10 ml/2 ts brunt sukker

Skjær spareribsene i 2,5 cm/1 biter. Bland med 60 ml/4 ss soyasaus og vin eller sherry og la marinere i 1 time, rør av og til. Tøm, kast marinaden. Ha over spareribsene i egg og deretter i maismel. Varm oljen og stek ribba, noen om gangen, til den er gylden. Tøm godt. Varm peanøttolje og stek løken til den er gjennomsiktig. Tilsett buljong, gjenværende soyasaus, ketchup og brunt sukker og la det småkoke i 1 minutt under omrøring. Tilsett ribba og la det småkoke i 10 minutter.

Grillet svinekjøtt

Serverer 4-6

1,25 kg/3 lb beinfri svinekjøttskulder
2 fedd hvitløk, knust
2 vårløk (skålløk), hakket
250 ml/8 fl oz/1 kopp soyasaus
120 ml/4 fl oz/½ kopp risvin eller tørr sherry
100g/4oz/½ kopp brunt sukker
5 ml/1 ts salt

Legg svinekjøttet i en bolle. Bland de resterende ingrediensene sammen, hell over svinekjøttet, dekk til og la det marinere i 3 timer. Overfør svinekjøttet og marinaden til en stekepanne og stek i en forvarmet ovn ved 200°C/400°F/gassmerke 6 i 10 minutter. Reduser temperaturen til 160°C/325°F/gassmerke 3 i 1¾ time til svinekjøttet er stekt.

Kaldt svinekjøtt med sennep

Server 4

1 kg/2lb beinfri stekt svinekjøtt

250 ml/8 fl oz/1 kopp soyasaus

120 ml/4 fl oz/½ kopp risvin eller tørr sherry

100g/4oz/½ kopp brunt sukker

3 vårløk (skålløk), hakket

5 ml/1 ts salt

30 ml/2 ss sennepspulver

Legg svinekjøttet i en bolle. Bland alle de resterende ingrediensene unntatt sennep og hell over svinekjøttet. La marinere i minst 2 timer, tråkle ofte. Kle en langpanne med folie og legg svinekjøttet på en rist i formen. Stek i en forvarmet ovn ved 200°C/400°F/gassmerke 6 i 10 minutter, reduser deretter temperaturen til 160°C/325°F/gassmerke 3 i ytterligere 1¾ timer, til svinekjøttet er mørt. La avkjøles og avkjøl deretter. Skjær veldig tynt. Bland sennepspulveret med akkurat nok vann til å lage en kremet pasta å servere til svinekjøttet.

Kinesisk stekt svinekjøtt

Serverer 6

1,25 kg/3 lb svinekjøtt, tykke skiver

2 fedd hvitløk, finhakket

30 ml/2 ss risvin eller tørr sherry

15 ml/1 ss brunt sukker

15 ml/1 ss honning

90 ml/6 ss soyasaus

2,5 ml/½ ts femkrydderpulver

Anrett svinekjøttet i en grunn tallerken. Bland sammen de resterende ingrediensene, hell over svinekjøttet, dekk til og mariner i kjøleskapet over natten, vend og dryss av og til.

Legg svineskivene på en rist i en langpanne fylt med litt vann og strø godt over marinaden. Stek i en forvarmet ovn ved

180°C/350°F/gassmerke 5 i ca. 1 time, tråkle av og til, til svinekjøttet er stekt.

Svinekjøtt med spinat

Serverer 6-8

30 ml/2 ss peanøttolje.
1,25 kg/3 lb svinekam
250 ml/8 fl oz/1 kopp kyllingkraft
15 ml/1 ss brunt sukker
60 ml/4 ss soyasaus
900g/2lb spinat

Varm opp oljen og brun svinekjøttet på alle sider. Tøm av mesteparten av fettet. Tilsett buljong, sukker og soyasaus, kok opp, legg på lokk og la det småkoke i ca. 2 timer til svinekjøttet er stekt. Ta kjøttet ut av pannen og la det avkjøles litt, og skjær deretter i skiver. Tilsett spinaten i pannen og la det småkoke, rør forsiktig, til den er myk. Tøm spinaten og legg den på en varm tallerken. Topp med svinekjøttskivene og server.

Frityrstekte svineboller

Server 4

450g/1lb hakket (kvernet) svinekjøtt

1 skive ingefærrot, hakket

15 ml/1 ss maismel (maisstivelse)

15 ml/1 ss vann

2,5 ml/½ ts salt

10 ml/2 ts soyasaus

olje til frityrsteking

Bland svinekjøtt og ingefær. Bland maismel, vann, salt og soyasaus og rør deretter blandingen inn i svinekjøttet og bland godt. Form til kuler på størrelse med valnøtt. Varm oljen og stek svinebollene til de hever til toppen av oljen. Fjern fra oljen og varm opp igjen. Ha svinekjøttet tilbake i pannen og stek i 1 minutt. Tøm godt.

Eggruller med svinekjøtt og reker

Server 4

30 ml/2 ss peanøttolje.

225 g/8 oz hakket (kvernet) svinekjøtt

225 g/8 oz reker

100g/4oz kinesiske blader, strimlet

100g/4oz bambusskudd, kuttet i strimler

100g/4oz vannkastanjer, kuttet i strimler

10 ml/2 ts soyasaus

5 ml/1 ts salt

5 ml/1 ts sukker

3 vårløk (skålløk), finhakket

8 eggrullskinn

olje til frityrsteking

Varm oljen og stek svinekjøttet til det er lukket. Tilsett rekene og stek i 1 minutt. Tilsett kinesiske blader, bambusskudd, vannkastanjer, soyasaus, salt og sukker og stek i 1 minutt, dekk til og la det småkoke i 5 minutter. Rør inn vårløken, vend inn et dørslag og la det dryppe av.

Plasser noen skjeer av fyllblandingen i midten av hvert eggrullskinn, brett opp bunnen, brett inn sidene, rull deretter sammen, omslutt fyllet. Forsegle kanten med litt mel- og vannblanding og la deretter tørke i 30 minutter. Varm oljen og stek eggerullene i ca 10 minutter til de er sprø og gyllenbrune. Tøm godt før servering.

Dampet hakket svinekjøtt

Server 4

450g/1lb hakket (kvernet) svinekjøtt

5 ml/1 ts maismel (maisstivelse)

2,5 ml/½ ts salt

10 ml/2 ts soyasaus

Bland svinekjøttet med de resterende ingrediensene og fordel blandingen jevnt over i en grunn ildfast form. Legg i en dampkoker over kokende vann og damp i ca. 30 minutter til kokt. Serveres varm.

Frityrstekt svinekjøtt med krabbekjøtt

Server 4

225 g/8 oz krabbekjøtt, i flak

100 g/4 oz sopp, hakket

100g/4oz bambusskudd, hakket

5 ml/1 ts maismel (maisstivelse)

2,5 ml/½ ts salt

225 g/8 oz kokt svinekjøtt, i skiver

1 eggehvite, lett pisket

olje til frityrsteking

15 ml/1 ss hakket fersk flatbladpersille

Bland krabbekjøttet, sopp, bambusskudd, det meste av maismel og salt sammen. Skjær kjøttet i 5 cm/2 firkanter. Lag smørbrød med krabbekjøttblandingen. Ha på eggehviten. Varm opp oljen og stek smørbrødene noen om gangen til de er gyldenbrune. Tøm godt. Server drysset med persille.

Svinekjøtt med bønnespirer

Server 4

30 ml/2 ss peanøttolje.

2,5 ml/½ ts salt

2 fedd hvitløk, knust

450g/1lb bønnespirer

225 g/8 oz kokt svinekjøtt, i terninger

120 ml/½ kopp kyllingkraft

15 ml/1 ss soyasaus

15 ml/1 ss risvin eller tørr sherry

5 ml/1 ts sukker

15 ml/1 ss maismel (maisstivelse)

2,5 ml/½ ts sesamolje

3 vårløk (skålløk), hakket

Varm oljen og stek salt og hvitløk til de er lett brune. Tilsett bønnespirer og svinekjøtt og stek i 2 minutter. Tilsett halvparten av kraften, kok opp, dekk til og la det småkoke i 3 minutter. Bland resten av buljongen med resten av ingrediensene, rør i pannen, kok opp og la det småkoke i 4 minutter under omrøring. Server drysset med vårløk.

Beruset svinekjøtt

Serverer 6

1,25 kg/3 lb utbenet rullet svinekjøtt
30 ml/2 ss salt
nykvernet pepper
1 vårløk (skålløk), hakket
2 fedd hvitløk, finhakket
1 flaske tørr hvitvin

Ha svinekjøttet i en panne og tilsett salt, pepper, vårløk og hvitløk. Dekk med kokende vann, kok opp, dekk til og la det småkoke i 30 minutter. Ta svinekjøttet ut av pannen, la det avkjøles og tørke i 6 timer eller over natten i kjøleskapet. Skjær svinekjøttet i store biter og ha det i en stor krukke med skruetopp. Dekk til med vin, forsegl og oppbevar i kjøleskapet i minst 1 uke.

Dampet svinekam

Serverer 6-8

1 liten svinelår

90 ml/6 ss soyasaus

450 ml/¾ pt/2 kopper vann

45 ml/3 ss brunt sukker

15 ml/1 ss risvin eller tørr sherry

30 ml/2 ss peanøttolje.

3 fedd hvitløk, knust

450 g/1 lb spinat

2,5 ml/½ ts salt

30 ml/2 ss maismel (maisstivelse)

Stikk hull i svineskinnet med en skarp kniv, og gni deretter inn 30 ml/2 ss soyasaus. Ha vannet i en tykk gryte, kok opp, sett på lokket og la det småkoke i 40 minutter. Tøm, ta vare på væsken og la svinekjøttet avkjøles, og legg det deretter i en varmebestandig bolle.

Bland 15 ml/1 ss sukker, vinen eller sherryen og 30ml/2 ss soyasaus, og gni deretter over svinekjøttet. Varm oljen og stek hvitløken til den er lett brun. Tilsett det resterende sukkeret og soyasausen, hell blandingen over svinekjøttet og dekk bollen. Legg bollen i en wok og fyll med vann slik at den kommer halvveis opp på sidene. Dekk til og damp i ca. 1½ time, etterfyll med kokende vann etter behov. Skjær spinaten i 5 cm/2 biter og dryss deretter over salt. Kok opp en kjele med vann og hell spinaten over. La stå i 2 minutter til spinaten begynner å bli myk, renn av og legg på en oppvarmet tallerken. Legg svinekjøttet på toppen. Kok opp svinekraften. Bland maismelet med litt vann, rør det inn i kraften og la det småkoke under omrøring til sausen blir klar og tykner. Hell svinekjøtt over og server.

Stekt svinekjøtt med grønnsaker

Server 4

50 g/2 oz/½ kopp blancherte mandler

30 ml/2 ss peanøttolje.

salt

100 g/4 oz sopp i terninger

100g/4oz bambusskudd, i terninger

1 løk, i terninger

2 stilker selleri i terninger

100 g/4 oz mangetout (snøerter), i terninger

4 vannkastanjer i terninger

1 vårløk (skålløk), hakket

20 ml/½ kopp kyllingkraft

225 g/8 oz grillsvinekjøtt, i terninger

15 ml/1 ss maismel (maisstivelse)

45 ml/3 ss vann

2,5 ml/½ ts sukker

nykvernet pepper

Rist mandlene til de er lett brune. Varm opp olje og salt, tilsett deretter grønnsakene og stek i 2 minutter til de er dekket med olje. Tilsett kraften, kok opp, legg på lokk og la det småkoke i 2 minutter, til grønnsakene er nesten kokte, men fortsatt sprø. Tilsett svinekjøttet og varm gjennom. Bland maismel, vann, sukker og pepper sammen og rør det inn i sausen. La det småkoke under omrøring til sausen blir klar og tykner.

Dobbeltkokt svinekjøtt

Server 4

45 ml/3 ss peanøttolje.

6 vårløk (skålløk), hakket

1 fedd hvitløk, knust

1 skive ingefærrot, hakket

2,5 ml/½ ts salt

225 g/8 oz kokt svinekjøtt, i terninger

15 ml/1 ss soyasaus

15 ml/1 ss risvin eller tørr sherry

30 ml/2 ss chilibønnepasta

Varm oljen og stek vårløk, hvitløk, ingefær og salt til de er lett brune. Tilsett svinekjøttet og stek i 2 minutter. Tilsett soyasaus, vin eller sherry og chilibønnepasta og kok i 3 minutter.

Svinekjøtt Nyrer med Mangetout

Server 4

4 svinenyrer, halvert og uthulet

30 ml/2 ss peanøttolje.

2,5 ml/½ ts salt

1 skive ingefærrot, hakket

3 stilker selleri, hakket

1 løk, hakket

30 ml/2 ss soyasaus

15 ml/1 ss risvin eller tørr sherry

5 ml/1 ts sukker

60 ml/4 ss kyllingkraft

225 g/8 oz mangetout (snøerter)

15 ml/1 ss maismel (maisstivelse)

45 ml/3 ss vann

Kok nyrene i 10 minutter, tøm deretter og skyll i kaldt vann. Varm oljen og stek salt og ingefær i noen sekunder. Tilsett nyrene og stek i 30 sekunder til de er belagt med olje. Tilsett selleri og løk og stek i 2 minutter. Tilsett soyasaus, vin eller sherry og sukker og kok i 1 minutt. Tilsett kraft, kok opp, dekk til og la det småkoke i 1 minutt. Rør inn mangetout, dekk til og la det småkoke i 1 minutt. Bland maismel og vann og rør det inn i sausen og la det småkoke til sausen blir klar og tykner. Server umiddelbart.

Rødkokt skinke med kastanjer

Serverer 4-6

1,25 kg/3 lb skinke

2 vårløk (skålløk), halvert

2 fedd hvitløk, knust

45 ml/3 ss brunt sukker

30 ml/2 ss risvin eller tørr sherry

60 ml/4 ss soyasaus

450 ml/¾ pt/2 kopper vann

350 g/12 oz kastanjer

Legg skinken i en panne med vårløk, hvitløk, sukker, vin eller sherry, soyasaus og vann. Kok opp, legg på lokk og la det småkoke i ca. 1½ time, snu skinken av og til. Blancher kastanjene i kokende vann i 5 minutter og la dem renne av. Tilsett skinken, dekk til og la det småkoke i ytterligere 1 time, snu skinken en eller to ganger.

Frityrstekt skinke og eggeboller

Server 4

225 g/8 oz røkt skinke, hakket

2 vårløk (skålløk), hakket

3 egg, pisket

4 skiver gammelt brød

10 ml/2 ss vanlig (all-purpose) mel

2,5 ml/½ ts salt

olje til frityrsteking

Bland skinke, vårløk og egg sammen. Lag brødet til smuler og bland det inn i skinken med mel og salt. Form til kuler på størrelse med valnøtt. Varm oljen og stek kjøttbollene til de er gyldenbrune. La det renne godt av på kjøkkenpapir.

Skinke og ananas

Server 4

4 tørkede kinesiske sopp
15 ml/1 ss peanøttolje.
1 fedd hvitløk, knust
50g/2oz vannkastanjer, i skiver
50g/2oz bambusskudd
225 g/8 oz skinke, hakket
225 g/8 oz kan ananasbiter i fruktjuice
120 ml/½ kopp kyllingkraft
15 ml/1 ss soyasaus
15 ml/1 ss maismel (maisstivelse)

Bløtlegg soppen i varmt vann i 30 minutter og tøm deretter. Kast stilkene og skjær hettene i skiver. Varm oljen og stek hvitløken til den er lett brun. Tilsett sopp, vannkastanjer og bambusskudd og stek i 2 minutter. Tilsett skinke og avrente ananasbiter og stek i 1 minutt. Tilsett 30 ml/2 ss av saften fra ananas, mesteparten av kyllingkraften og soyasausen. Kok opp, dekk til og la det småkoke i 5 minutter. Bland maismelet med den resterende kraften og rør inn i sausen. La det småkoke under omrøring til sausen blir klar og tykner.

Stekt skinke og spinat

Server 4

30 ml/2 ss peanøttolje.

2,5 ml/½ ts salt

1 fedd hvitløk, finhakket

2 vårløk (skålløk), hakket

225 g skinke, i terninger

450 g/1 lb spinat, strimlet

60 ml/4 ss kyllingkraft

15 ml/1 ss maismel (maisstivelse)

15 ml/1 ss soyasaus

45 ml/3 ss vann

5 ml/1 ts sukker

Varm oljen og stek salt, hvitløk og vårløk til de er lett brune. Tilsett skinken og stek i 1 minutt. Tilsett spinaten og rør til den er belagt med olje. Tilsett kraften, kok opp, legg på lokk og la det småkoke i 2 minutter til spinaten begynner å visne. Bland maismel, soyasaus, vann og sukker sammen og rør det inn i kjelen. La det småkoke under omrøring til sausen tykner.

Enkel kyllingrøring

Server 4

1 kyllingbryst, skåret i tynne skiver
2 skiver ingefærrot, hakket
2 vårløk (skålløk), hakket
15 ml/1 ss maismel (maisstivelse)
15 ml/1 ss risvin eller tørr sherry
30 ml/2 ss vann
2,5 ml/½ ts salt
45 ml/3 ss peanøttolje.
100g/4oz bambusskudd, i skiver
100 g/4 oz sopp, i skiver
100g/4oz bønnespirer
15 ml/1 ss soyasaus
5 ml/1 ts sukker
120 ml/½ kopp kyllingkraft

Legg kyllingen i en bolle. Bland ingefær, vårløk, maismel, vin eller sherry, vann og salt, rør inn kyllingen og la stå i 1 time. Varm opp halvparten av oljen og stek kyllingen til den er lett brun, ta deretter ut av pannen. Varm opp den resterende oljen og stek bambusskudd, sopp og bønnespirer i 4 minutter. Tilsett soyasaus, sukker og kraft, kok opp, legg på lokk og la det småkoke i 5 minutter til grønnsakene er så vidt møre. Ha kyllingen tilbake i pannen, rør godt og varm forsiktig opp før servering.

Kylling i tomatsaus

Server 4

30 ml/2 ss peanøttolje.

5 ml/1 ts salt

2 fedd hvitløk, knust

450g/1lb kylling, i terninger

300 ml/½ pt/1 ¼ kopper kyllingkraft

120 ml/4 fl oz/½ kopp tomatketchup (catsup)

15 ml/1 ss maismel (maisstivelse)

4 vårløk (skålløk), i skiver

Varm oljen med salt og hvitløk til hvitløken er lett gyllen. Tilsett kyllingen og stek til den er lett brun. Tilsett mesteparten av kraften, kok opp, legg på lokk og la det småkoke i ca 15 minutter til kyllingen er mør. Rør den gjenværende buljongen med ketchup og maismel og rør den inn i pannen. La det småkoke under omrøring til sausen tykner og klarner. Hvis sausen er for tynn, la den småkoke en stund til den er redusert. Tilsett vårløk og la det småkoke i 2 minutter før servering.

Kylling med tomater

Server 4

225 g/8 oz kylling i terninger

15 ml/1 ss maismel (maisstivelse)

15 ml/1 ss soyasaus

15 ml/1 ss risvin eller tørr sherry

45 ml/3 ss peanøttolje.

1 løk, i terninger

60 ml/4 ss kyllingkraft

5 ml/1 ts salt

5 ml/1 ts sukker

2 tomater, skrelt og i terninger

Bland kyllingen med maismel, soyasaus og vin eller sherry og la stå i 30 minutter. Varm oljen og stek kyllingen til den får lett farge. Tilsett løken og stek til den er myk. Tilsett kraft, salt og sukker, kok opp og rør forsiktig over svak varme til kyllingen er gjennomstekt. Tilsett tomatene og rør til de er gjennomvarme.

Posjert kylling med tomater

Server 4

4 kyllingporsjoner
4 tomater, skrelt og delt i kvarte
15 ml/1 ss risvin eller tørr sherry
15 ml/1 ss peanøttolje.
salt

Legg kyllingen i en kjele og dekk bare med kaldt vann. Kok opp, dekk til og la det småkoke i 20 minutter. Tilsett tomater, vin eller sherry, olje og salt, legg på lokk og la det småkoke i ytterligere 10 minutter til kyllingen er gjennomstekt. Legg kyllingen på en varm tallerken og skjær i porsjoner. Varm opp sausen og hell over kyllingen for servering.

Kylling og tomater med svart bønnesaus

Server 4

45 ml/3 ss peanøttolje.

1 fedd hvitløk, knust

45 ml/3 ss svart bønnesaus

225 g/8 oz kylling i terninger

15 ml/1 ss risvin eller tørr sherry

5 ml/1 ts sukker

15 ml/1 ss soyasaus

90 ml/6 ss kyllingkraft

3 tomater, skrelt og delt i kvarte

10 ml/2 ts maismel (maisstivelse)

45 ml/3 ss vann

Varm oljen og stek hvitløken i 30 sekunder. Tilsett den svarte bønnesausen og kok i 30 sekunder, tilsett deretter kyllingen og rør til den er godt belagt med olje. Tilsett vin eller sherry, sukker, soyasaus og kraft, kok opp, legg på lokk og la det småkoke i ca 5 minutter til kyllingen er kokt. Bland maismel og vann til en pasta, rør det inn i kjelen og la det småkoke under omrøring til sausen blir klar og tykner.

Hurtigstekt kylling med grønnsaker

Server 4

1 eggehvite

50 g maismel (maisstivelse)

225 g/8 oz kyllingbryst, kuttet i strimler

75 ml/5 ss peanøttolje.

200 g/7 oz bambusskudd, kuttet i strimler

50g/2oz bønnespirer

1 grønn paprika, kuttet i strimler

3 vårløk (skålløk), i skiver

1 skive ingefærrot, hakket

1 fedd hvitløk, finhakket

15 ml/1 ss risvin eller tørr sherry

Pisk eggehvitene og maismel, og dypp deretter kyllingstrimlene i blandingen. Varm oljen til middels varm og stek kyllingen i noen minutter til den akkurat er gjennomstekt. Fjern fra pannen og renn godt av. Tilsett bambusskudd, bønnespirer, paprika, løk, ingefær og hvitløk i pannen og stek i

3 minutter. Tilsett vin eller sherry og ha kyllingen tilbake i pannen. Rør godt og varm gjennom før servering.

Valnøtt kylling

Server 4

45 ml/3 ss peanøttolje.
2 vårløk (skålløk), hakket
1 skive ingefærrot, hakket
450g/1lb kyllingbryst, veldig tynne skiver
50 g skinke, strimlet
30 ml/2 ss soyasaus
30 ml/2 ss risvin eller tørr sherry
5 ml/1 ts sukker
5 ml/1 ts salt
100 g/4 oz/1 kopp valnøtter, hakket

Varm oljen og stek løk og ingefær i 1 minutt. Tilsett kylling og skinke og stek i 5 minutter til nesten gjennomstekt. Tilsett soyasaus, vin eller sherry, sukker og salt og kok i 3 minutter. Tilsett valnøttene og stek i 1 minutt til ingrediensene er godt blandet.

Kylling med valnøtter

Server 4

100 g/4 oz/1 kopp avskallede valnøtter, halvert
olje til frityrsteking
45 ml/3 ss peanøttolje.
2 skiver ingefærrot, hakket
225 g/8 oz kylling i terninger
100g/4oz bambusskudd, i skiver
75 ml/5 ss kyllingkraft

Forbered valnøttene, varm oljen og stek valnøttene til de er gyllenbrune og renne godt av. Varm peanøttolje og stek ingefæren i 30 sekunder. Tilsett kyllingen og stek til den er lett brun. Tilsett de resterende ingrediensene, kok opp og la det småkoke under omrøring til kyllingen er kokt.

Kylling med vannkastanjer

Server 4

45 ml/3 ss peanøttolje.

2 fedd hvitløk, knust

2 vårløk (skålløk), hakket

1 skive ingefærrot, hakket

225 g/8 oz kyllingbryst, i skiver

100g/4oz vannkastanjer, i skiver

45 ml/3 ss soyasaus

15 ml/1 ss risvin eller tørr sherry

5 ml/1 ts maismel (maisstivelse)

Varm oljen og fres hvitløk, vårløk og ingefær lett brunet. Tilsett kyllingen og stek i 5 minutter. Tilsett vannkastanjene og stek i 3 minutter. Tilsett soyasaus, vin eller sherry og maismel og stek i ca 5 minutter til kyllingen er gjennomstekt.

Smakfull kylling med vannkastanjer

Server 4

30 ml/2 ss peanøttolje.

4 stykker kylling

3 vårløk (skålløk), hakket

2 fedd hvitløk, knust

1 skive ingefærrot, hakket

250 ml/8 fl oz/1 kopp soyasaus

30 ml/2 ss risvin eller tørr sherry

30 ml/2 ss brunt sukker

5 ml/1 ts salt

375 ml/13 fl oz/1¼ kopper vann

225 g/8 oz vannkastanjer, i skiver

15 ml/1 ss maismel (maisstivelse)

Varm oljen og stek kyllingbitene til de er gyldenbrune. Tilsett vårløk, hvitløk og ingefær og stek i 2 minutter. Tilsett soyasaus, vin eller sherry, sukker og salt og rør godt. Tilsett vannet og kok opp, dekk til og la det småkoke i 20 minutter. Tilsett vannkastanjene, dekk til og kok i ytterligere 20 minutter. Bland maismelet med litt vann, rør det inn i sausen og la det småkoke under omrøring til sausen blir klar og tykner.

Kylling Wontons

Server 4

4 tørkede kinesiske sopp
450g/1lb kyllingbryst, strimlet
225g/8oz blandede grønnsaker, hakket
1 vårløk (skålløk), hakket
15 ml/1 ss soyasaus
2,5 ml/½ ts salt
40 wonton skinn
1 egg, pisket

Bløtlegg soppen i varmt vann i 30 minutter og tøm deretter. Kast stilkene og hakk hettene. Bland med kylling, grønnsaker, soyasaus og salt.

For å brette wontonene, hold skinnet i venstre håndflate og hell litt fyll i midten. Fukt kantene med egg og brett skinnet til en trekant, forsegl kantene. Fukt hjørnene med egg og vri dem sammen.

Kok opp en kjele med vann. Tilsett wontons og la det småkoke i ca 10 minutter til de flyter til toppen.

Sprø kyllingvinger

Server 4

900g/2lb kyllingvinger
60 ml/4 ss risvin eller tørr sherry
60 ml/4 ss soyasaus
50 g/2 oz/½ kopp maismel (maisstivelse)
peanøttolje til frityrsteking

Legg kyllingvingene i en bolle. Bland de resterende ingrediensene sammen og hell over kyllingvingene, bland godt for å dekke dem med sausen. Dekk til og la stå i 30 minutter. Varm oljen og stek kyllingen noen få om gangen til den er gjennomstekt og mørkebrun. Hell godt av på kjøkkenpapir og hold varmt mens du steker resten av kyllingen.

Fem-krydder kyllingvinger

Server 4

30 ml/2 ss peanøttolje.
2 fedd hvitløk, knust
450g/1lb kyllingvinger
250 ml/8 fl oz/1 kopp kyllingkraft
30 ml/2 ss soyasaus
5 ml/1 ts sukker
5 ml/1 ts femkrydderpulver

Varm opp olje og hvitløk til hvitløken er lett brunet. Tilsett kyllingen og stek til den er lett brun. Tilsett de resterende ingrediensene, rør godt og kok opp. Dekk til og la det småkoke i ca 15 minutter, til kyllingen er gjennomstekt. Ta av lokket og fortsett å småkoke, rør av og til, til det meste av væsken har fordampet. Serveres varm eller kald.

Marinerte kyllingvinger

Server 4

45 ml/3 ss soyasaus

45 ml/3 ss risvin eller tørr sherry

30 ml/2 ss brunt sukker

5 ml/1 ts revet ingefærrot

2 fedd hvitløk, knust

6 vårløk (skålløk), i skiver

450g/1lb kyllingvinger

30 ml/2 ss peanøttolje.

225g/8oz bambusskudd, i skiver

20 ml/4 ts maismel (maisstivelse)

175 ml/6 fl oz/¾ kopp kyllingkraft

Bland soyasaus, vin eller sherry, sukker, ingefær, hvitløk og vårløk sammen. Tilsett kyllingvingene og rør rundt for å dekke helt. Dekk til og la stå i 1 time, rør av og til. Varm oljen og stek bambusskuddene i 2 minutter. Fjern dem fra pannen. Tøm kyllingen og løken, behold marinaden. Varm opp oljen igjen og stek kyllingen til den er brun på alle sider. Dekk til og stek i ytterligere 20 minutter til kyllingen er mør. Bland maismelet med kraften og den reserverte marinaden. Hell over kyllingen og kok under omrøring til sausen tykner. Rør inn bambusskuddene og la det småkoke under omrøring i ytterligere 2 minutter.

Kongelige kyllingvinger

Server 4

12 kyllingvinger

250 ml/8 fl oz/1 kopp peanøttolje (peanøttolje).

15 ml/1 ss perlesukker

2 vårløk (skålløk), kuttet i biter

5 skiver rot ingefær

5 ml/1 ts salt

45 ml/3 ss soyasaus

250 ml/1 kopp risvin eller tørr sherry

250 ml/8 fl oz/1 kopp kyllingkraft

10 skiver bambusskudd

15 ml/1 ss maismel (maisstivelse)

15 ml/1 ss vann

2,5 ml/½ ts sesamolje

Blancher kyllingvingene i kokende vann i 5 minutter og la dem renne godt av. Varm oljen, tilsett sukkeret og rør til det er smeltet og gyllenbrunt. Tilsett kylling, vårløk, ingefær, salt, soyasaus, vin og kraft, kok opp og la det småkoke i 20 minutter. Tilsett bambusskuddene og la det småkoke i 2 minutter eller til væsken nesten har fordampet. Bland maismelet med vannet, rør det inn i kjelen og rør til det er tykt. Overfør kyllingvingene til en oppvarmet tallerken og server dryppet med sesamolje.

Krydret kyllingvinger

Server 4

30 ml/2 ss peanøttolje.

5 ml/1 ts salt

2 fedd hvitløk, knust

900g/2lb kyllingvinger

30 ml/2 ss risvin eller tørr sherry

30 ml/2 ss soyasaus

30 ml/2 ss tomatpuré (pasta)

15 ml/1 ss Worcestershiresaus

Varm olje, salt og hvitløk og stek til hvitløken blir lys gylden. Tilsett kyllingvingene og stek, rør av og til, i ca. 10 minutter, til de er gyldenbrune og nesten gjennomstekt. Tilsett de resterende ingrediensene og stek i ca 5 minutter, til kyllingen er sprø og gjennomstekt.

Grillede kyllinglår

Server 4

16 kyllinglår
30 ml/2 ss risvin eller tørr sherry
30 ml/2 ss vineddik
30 ml/2 ss olivenolje
salt og nykvernet pepper
120 ml/½ kopp appelsinjuice
30 ml/2 ss soyasaus
30 ml/2 ss honning
15 ml/1 ss sitronsaft
2 skiver ingefærrot, hakket
120 ml/4 fl oz/½ kopp chilisaus

Bland alle ingrediensene unntatt chilisausen sammen, dekk til og la stå i kjøleskapet over natten. Fjern kyllingen fra marinaden og grill eller stek (stek) i ca 25 minutter, vend og drypp med chilisaus mens du koker.

Hoisin kyllinglår

Server 4

8 kyllinglår

600 ml/1 pt/2½ kopper kyllingkraft

salt og nykvernet pepper

250 ml/8 fl oz/1 kopp hoisinsaus

30 ml/2 ss vanlig (all-purpose) mel

2 egg, pisket

100 g/4 oz/1 kopp brødsmuler

olje til frityrsteking

Legg trommestikkene og kraften i en kjele, kok opp, legg på lokk og la det småkoke i 20 minutter til det er kokt. Ta kyllingen ut av pannen og tørk den på kjøkkenpapir. Legg kyllingen i en bolle og smak til med salt og pepper. Hell hoisinsaus over og la det marinere i 1 time. Avløp. Kast kyllingen i melet og tilsett egget og brødsmulene, deretter egget og brødsmulene igjen. Varm oljen og stek kyllingen i ca 5 minutter til den er gyldenbrun. Hell av på kjøkkenpapir og server varm eller kald.

Braisert kylling

Serverer 4-6

75 ml/5 ss peanøttolje.

1 kylling

3 vårløk (skålløk), i skiver

3 skiver ingefærrot

120 ml/4 fl oz/½ kopp soyasaus

30 ml/2 ss risvin eller tørr sherry

5 ml/1 ts sukker

Varm oljen og stek kyllingen til den er brun. Tilsett vårløk, ingefær, soyasaus og vin eller sherry og kok opp. Dekk til og la det småkoke i 30 minutter, snu av og til. Tilsett sukker, lokk og la det småkoke i ytterligere 30 minutter til kyllingen er gjennomstekt.

Sprøstekt kylling

Server 4

1 kylling

salt

30 ml/2 ss risvin eller tørr sherry

3 vårløk (skålløk), i terninger

1 skive ingefærrot

30 ml/2 ss soyasaus

30 ml/2 ss sukker

5 ml/1 ts hele nellik

5 ml/1 ts salt

5 ml/1 ts pepperkorn

150 ml/¼ pt/sjenerøs ½ kopp kyllingkraft

olje til frityrsteking

1 salat, strimlet

4 tomater, i skiver

½ agurk, i skiver

Gni kyllingen inn med salt og la den stå i 3 timer. Skyll og legg i en bolle. Tilsett vin eller sherry, ingefær, soyasaus, sukker, nellik, salt, pepperkorn og buljong og rør godt. Sett bollen i en dampkoker, dekk til og damp i ca 2¼ timer til kyllingen er gjennomstekt. Avløp. Varm oljen til den ryker, tilsett deretter kyllingen og stek til den er brun. Stek i ytterligere 5 minutter, fjern deretter oljen og tøm. Skjær i biter og legg på en varm tallerken. Pynt med salat, tomater og agurk og server med en pepper- og saltdipp.

Frityrstekt hel kylling

Serverer 5

1 kylling

10 ml/2 ts salt

15 ml/1 ss risvin eller tørr sherry

2 vårløk (skålløk), halvert

3 skiver ingefærrot, kuttet i strimler

olje til frityrsteking

Tørk kyllingen og gni skinnet med salt og vin eller sherry. Legg vårløk og ingefær inne i hulrommet. Heng kyllingen til tørk på et kjølig sted i ca 3 timer. Varm opp oljen og legg kyllingen i en stekekurv. Senk forsiktig ned i oljen og stek kontinuerlig innvendig og utvendig til kyllingen har fått en lys farge. Fjern oljen og la den avkjøles litt mens du varmer opp oljen. Stek igjen til den er gyldenbrun. Tøm godt og skjær deretter i biter.

Fem-krydder kylling

Serverer 4-6

1 kylling

120 ml/4 fl oz/½ kopp soyasaus

2,5 cm/1 i stykke ingefærrot, hakket

1 fedd hvitløk, knust

15 ml/1 ss femkrydderpulver

30 ml/2 ss risvin eller tørr sherry

30 ml/2 ss honning

2,5 ml/½ ts sesamolje

olje til frityrsteking

30 ml/2 ss salt

5 ml/1 ts nykvernet pepper

Legg kyllingen i en stor kjele og fyll på med vann slik at den kommer halvveis opp på låret. Reserver 15 ml/1 ss av soyasausen og tilsett resten i pannen med ingefær, hvitløk og halvparten av femkrydderpulveret. Kok opp, dekk til og la det småkoke i 5 minutter. Slå av varmen og la kyllingen ligge i vannet til vannet er lunkent. Avløp.

Skjær kyllingen i to på langs og legg med snittsiden ned i en stekepanne. Bland resten av soyasausen og femkrydderspulveret med vin eller sherry, honning og sesamolje. Gni blandingen over kyllingen og la stå i 2 timer, pensle av og til med blandingen. Varm oljen og stek kyllinghalvdelene i ca 15 minutter til de er gyldenbrune og gjennomstekt. Hell av på kjøkkenpapir og skjær i porsjoner.

Bland i mellomtiden salt og pepper og varm i en tørr panne i ca 2 minutter. Server som dip til kyllingen.

Ingefær og vårløk kylling

Server 4

1 kylling

2 skiver ingefærrot, kuttet i strimler

salt og nykvernet pepper

90 ml/4 ss peanøttolje.

8 vårløk (skålløk), finhakket

10 ml/2 ts hvitvinseddik

5 ml/1 ts soyasaus

Legg kyllingen i en stor kjele, tilsett halvparten av ingefæren og hell i nok vann til å nesten dekke kyllingen. Smak til med salt og pepper. Kok opp, dekk til og la det småkoke i ca 1¼ time til det er møre. La kyllingen stå i kraften til den er avkjølt. Tøm kyllingen og avkjøl til den er kald. Skjær i porsjoner.

Riv den resterende ingefæren og bland med olje, vårløk, vineddik og soyasaus samt salt og pepper. Avkjøl i 1 time. Legg kyllingbitene i en serveringsbolle og hell over ingefærdressingen. Server med dampet ris.

Posjert kylling

Server 4

1 kylling
1,2 l/2 poeng/5 kopper kyllingkraft eller vann
30 ml/2 ss risvin eller tørr sherry
4 vårløk (skålløk), hakket
1 skive ingefærrot
5 ml/1 ts salt

Legg kyllingen i en stor kjele med alle de resterende ingrediensene. Buljongen eller vannet skal komme halvveis opp på låret. Kok opp, legg på lokk og la det småkoke i ca 1 time til kyllingen er gjennomstekt. Hell av, behold kraften til supper.

Rødkokt kylling

Server 4

1 kylling

250 ml/8 fl oz/1 kopp soyasaus

Legg kyllingen i en kjele, hell soyasausen over og fyll opp med vann slik at den nesten dekker kyllingen. Kok opp, legg på lokk og la det småkoke i ca 1 time til kyllingen er gjennomstekt, snu av og til.

Rødkokt krydret kylling

Server 4

2 skiver ingefærrot
2 vårløk (skålløk)
1 kylling
3 fedd stjerneanis
½ kanelstang
15 ml/1 ss Szechuan pepperkorn
75 ml/5 ss soyasaus
75 ml/5 ss risvin eller tørr sherry
75 ml/5 ss sesamolje
15 ml/1 ss sukker

Legg ingefær og vårløk inne i kyllinghulen og legg kyllingen i en kjele. Bind stjerneanis, kanel og pepperkorn i et stykke muslin og ha det i gryta. Hell soyasaus, vin eller sherry og sesamolje over. Kok opp, dekk til og la det småkoke i ca 45 minutter. Tilsett sukker, dekk til og la det småkoke i ytterligere 10 minutter til kyllingen er gjennomstekt.

Sesamstekt kylling

Server 4

50 g/2 oz sesamfrø

1 løk, finhakket

2 fedd hvitløk, finhakket

10 ml/2 ts salt

1 tørket rød chilipepper, knust

klype malt nellik

2,5 ml/½ teskje malt kardemomme

2,5 ml/½ ts malt ingefær

75 ml/5 ss peanøttolje.

1 kylling

Bland alle krydder og olje sammen og pensle over kyllingen. Ha det i en stekepanne og tilsett 30 ml/2 ss vann i formen. Stek i en forvarmet ovn ved 180°C/350°F/gassmerke 4 i ca. 2 timer, stek og snu kyllingen av og til, til kyllingen er gyllen og gjennomstekt. Tilsett eventuelt litt mer vann for å unngå at de brenner seg.

Kylling i soyasaus

Serverer 4-6

300 ml/½ pt/1¼ kopper soyasaus
300 ml/½ pt/1¼ kopper risvin eller tørr sherry
1 løk, hakket
3 skiver rot ingefær, hakket
50 g/2 oz/¼ kopp sukker
1 kylling
15 ml/1 ss maismel (maisstivelse)
60 ml/4 ss vann
1 agurk, skrelt og skåret i skiver
30 ml/2 ss hakket fersk persille

Bland soyasaus, vin eller sherry, løk, ingefær og sukker sammen i en kjele og kok opp. Tilsett kyllingen, kok opp, legg på lokk og la det småkoke i 1 time, snu kyllingen av og til til kyllingen er gjennomstekt. Overfør kyllingen til en varm tallerken og skjær. Hell av alt unntatt 250 ml/1 kopp av kokevæsken og kok opp igjen. Bland maismel og vann til en pasta, rør det inn i kjelen og la det småkoke under omrøring til sausen blir klar og tykner. Pensle litt av sausen over kyllingen og pynt kyllingen med agurk og persille. Server den resterende sausen separat.

Dampet kylling

Server 4

1 kylling

45 ml/3 ss risvin eller tørr sherry

salt

2 skiver ingefærrot

2 vårløk (skålløk)

250 ml/8 fl oz/1 kopp kyllingkraft

Legg kyllingen i en ildfast form og gni inn med vin eller sherry og salt og legg ingefær og vårløk inne i hulrommet. Sett bollen på rist i en dampkoker, dekk til og damp over kokende vann i ca. 1 time til den er gjennomstekt. Serveres varm eller kald.

Dampet kylling med anis

Server 4

250 ml/8 fl oz/1 kopp soyasaus
250 ml/8 fl oz/1 kopp vann
15 ml/1 ss brunt sukker
4 fedd stjerneanis
1 kylling

Bland soyasaus, vann, sukker og anis i en kjele og kok opp på svak varme. Legg kyllingen i en bolle og dryss grundig med blandingen innvendig og utvendig. Varm opp blandingen og gjenta. Legg kyllingen i en ildfast form. Sett bollen på rist i en dampkoker, dekk til og damp over kokende vann i ca. 1 time til den er gjennomstekt.

Kylling med en merkelig smak

Server 4

1 kylling

5 ml/1 ts hakket ingefærrot

5 ml/1 ts finhakket hvitløk

45 ml/3 ss tykk soyasaus

5 ml/1 ts sukker

2,5 ml/½ ts vineddik

10 ml/2 ts sesamsaus

5 ml/1 ts nykvernet pepper

10 ml/2 ts chiliolje

½ salat, strimlet

15 ml/1 ss hakket fersk koriander

Legg kyllingen i en panne og fyll på med vann slik at den kommer halvveis opp på kyllinglårene. Kok opp, legg på lokk og la det småkoke i ca 1 time til kyllingen er mør. Ta ut av pannen og renne godt av og bløtlegg i isvann til kjøttet er helt avkjølt. Hell godt av og skjær i 5 cm/2 biter. Bland alle de resterende ingrediensene sammen og hell over kyllingen. Server pyntet med salat og koriander.

Sprø kyllingbiter

Server 4

100 g/4 oz vanlig (all-purpose) mel
klype salt
15 ml/1 ss vann
1 egg
350 g/12 oz kokt kylling, i terninger
olje til frityrsteking

Bland mel, salt, vann og egg sammen til en ganske stiv deig, tilsett evt. litt mer vann. Dypp kyllingbitene i røren til de er godt dekket. Varm oljen til den er veldig varm og stek kyllingen i noen minutter til den er sprø og gyllenbrun.

Kylling med grønne bønner

Server 4

45 ml/3 ss peanøttolje.

450g/1lb kokt kylling, strimlet

5 ml/1 ts salt

2,5 ml/½ teskje nykvernet pepper

225 g/8 oz grønne bønner, kuttet i biter

1 stilk selleri, i skiver

225 g/8 oz sopp, i skiver

250 ml/8 fl oz/1 kopp kyllingkraft

30 ml/2 ss maismel (maisstivelse)

60 ml/4 ss vann

10 ml/2 ts soyasaus

Varm oljen og stek kyllingen, salt og pepper til den er lett brun. Tilsett bønner, selleri og sopp og bland godt. Tilsett kraft, kok opp, dekk til og la det småkoke i 15 minutter. Bland maismel, vann og soyasaus til en pasta, rør det inn i kjelen og la det småkoke under omrøring til sausen blir klar og tykner.

Kokt kylling med ananas

Server 4

45 ml/3 ss peanøttolje.
225 g/8 oz kokt kylling, i terninger
salt og nykvernet pepper
2 stilker selleri, i skiver
3 skiver ananas, kuttet i biter
120 ml/½ kopp kyllingkraft
15 ml/1 ss soyasaus
10 ml/2 ss maismel (maisstivelse)
30 ml/2 ss vann

Varm opp oljen og stek kyllingen til den er lett brun. Smak til med salt og pepper, tilsett sellerien og stek i 2 minutter. Tilsett ananas, kraft og soyasaus og rør i noen minutter til den er gjennomvarme. Bland maismel og vann til en pasta, rør i kjelen og la det småkoke under omrøring til sausen blir klar og tykner.

Kylling med paprika og tomater

Server 4

45 ml/3 ss peanøttolje.

450g/1lb kokt kylling, i skiver

10 ml/2 ts salt

5 ml/1 ts nykvernet pepper

1 grønn paprika, kuttet i biter

4 store tomater, skrelt og i terninger

250 ml/8 fl oz/1 kopp kyllingkraft

30 ml/2 ss maismel (maisstivelse)

15 ml/1 ss soyasaus

120 ml/4 fl oz/½ kopp vann

Varm oljen og stek kyllingen, salt og pepper til den er brun. Tilsett paprika og tomater. Hell i kraften, kok opp, dekk til og la det småkoke i 15 minutter. Bland maismel, soyasaus og vann til en pasta, rør inn i kjelen og la det småkoke under omrøring til sausen blir klar og tykner.

Sesamkylling

Server 4

450g/1lb kokt kylling, kuttet i strimler
2 skiver ingefær, finhakket
1 vårløk (skålløk), finhakket
salt og nykvernet pepper
60 ml/4 ss risvin eller tørr sherry
60 ml/4 ss sesamolje
10 ml/2 ts sukker
5 ml/1 ts vineddik
150 ml/¼ pt/sjenerøs ½ kopp soyasaus

Anrett kyllingen på en tallerken og strø over ingefær, vårløk, salt og pepper. Bland vin eller sherry, sesamolje, sukker, vineddik og soyasaus sammen. Hell over kyllingen.

Friterte Poussins

Server 4

2 poussins, halvert

45 ml/3 ss soyasaus

45 ml/3 ss risvin eller tørr sherry

120 ml/4 fl oz/½ kopp peanøttolje (peanøttolje).

1 vårløk (skålløk), finhakket

30 ml/2 ss kyllingkraft

10 ml/2 ts sukker

5 ml/1 ts chiliolje

5 ml/1 ts hvitløkspasta

salt og pepper

Legg poussinene i en bolle. Bland soyasaus og vin eller sherry, hell over poussinene, dekk til og mariner i 2 timer, tråkle ofte. Varm oljen og stek poussinene i ca 20 minutter til de er gjennomstekt. Ta dem ut av pannen og varm opp oljen igjen. Ha dem tilbake i pannen og stek til de er gyldenbrune. Tapp av mesteparten av oljen. Bland de resterende ingrediensene sammen, tilsett i pannen og varm raskt opp. Hell over poussinene før servering.

Tyrkia med Mangetout

Server 4

60 ml/4 ss peanøttolje.
2 vårløk (skålløk), hakket
2 fedd hvitløk, knust
1 skive ingefærrot, hakket
225 g kalkunbryst, kuttet i strimler
225 g/8 oz mangetout (snøerter)
100g/4oz bambusskudd, kuttet i strimler
50g/2oz vannkastanjer, kuttet i strimler
45 ml/3 ss soyasaus
15 ml/1 ss risvin eller tørr sherry
5 ml/1 ts sukker
5 ml/1 ts salt
15 ml/1 ss maismel (maisstivelse)

Varm opp 45 ml/3 ss olje og stek vårløk, hvitløk og ingefær lett brun. Tilsett kalkunen og stek i 5 minutter. Fjern fra pannen og sett til side. Varm opp den resterende oljen og stek mangetout, bambusskudd og vannkastanjer i 3 minutter. Tilsett soyasaus, vin eller sherry, sukker og salt og ha kalkunen tilbake i pannen. Stek under omrøring i 1 minutt. Bland maismelet med litt vann, rør det i kjelen og la det småkoke under omrøring til sausen blir klar og tykner.

Kalkun med pepper

Server 4

4 tørkede kinesiske sopp
30 ml/2 ss peanøttolje.
1 kinakål, kuttet i strimler
350g/12oz røkt kalkun, kuttet i strimler
1 løk, i skiver
1 rød paprika, kuttet i strimler
1 grønn paprika, kuttet i strimler
120 ml/½ kopp kyllingkraft
30 ml/2 ss tomatpuré (pasta)
45 ml/3 ss vineddik
30 ml/2 ss soyasaus
15 ml/1 ss hoisinsaus
10 ml/2 ts maismel (maisstivelse)
noen dråper chiliolje

Bløtlegg soppen i varmt vann i 30 minutter og tøm deretter. Kast stilkene og skjær hettene i strimler. Varm opp halvparten av oljen og stek kålen i ca 5 minutter eller til den er kokt ned. Fjern fra pannen. Tilsett kalkunen og stek i 1 minutt. Tilsett grønnsakene og stek i 3 minutter. Bland kraften med tomatpuré, vineddik og sauser og ha i pannen med kålen. Bland maismelet med litt vann, rør det inn i kjelen og kok opp under omrøring. Dryss over chiliolje og la det småkoke i 2 minutter, mens du rører hele tiden.

Kinesisk stekt Tyrkia

Serverer 8-10

1 liten kalkun

600 ml/1 pt/2½ kopper varmt vann

10 ml/2 ts universal

500 ml/16 fl oz/2 kopper soyasaus

5 ml/1 ts sesamolje

10 ml/2 ts salt

45 ml/3 ss smør

Legg kalkunen i en kjele og hell det varme vannet over. Tilsett de resterende ingrediensene unntatt smøret og la stå i 1 time, snu flere ganger. Fjern kalkunen fra væsken og pensle med smør. Legg i en stekepanne, dekk løst med kjøkkenfolie og stek i en forvarmet ovn ved 160°C/325°F/gassmerke 3 i ca. 4 timer, og drypp av og til med soyasausvæsken. Fjern folien og la skinnet bli sprøtt de siste 30 minuttene av tilberedningen.

Kalkun med valnøtter og sopp

Server 4

450 g kalkunbrystfilet

salt og pepper

saft av 1 appelsin

15 ml/1 ss vanlig (all-purpose) mel

12 syltede svarte valnøtter med juice

5 ml/1 ts maismel (maisstivelse)

15 ml/1 ss peanøttolje.

2 vårløk (skålløk), i terninger

225 g/8 oz knappsopp

45 ml/3 ss risvin eller tørr sherry

10 ml/2 ts soyasaus

50 g/2 oz/½ kopp smør

25 g/1 oz pinjekjerner

Skjær kalkunen i 1 cm/½ tykke skiver. Dryss over salt, pepper og appelsinjuice og strø over mel. Tøm og halver valnøttene, spar væsken og bland væsken med maismel. Varm opp oljen og stek kalkunen til den er gyldenbrun. Tilsett vårløk og sopp og stek i 2 minutter. Rør inn vin eller sherry og soyasaus og la det småkoke i 30 sekunder. Tilsett valnøttene i maismelblandingen og rør dem inn i pannen og kok opp. Tilsett smøret i små flak, men ikke la blandingen koke. Rist pinjekjernene på en tørr panne til de er gylne. Overfør kalkunblandingen til et oppvarmet serveringsfat og server pyntet med pinjekjerner.

And med bambusskudd

Server 4

6 tørkede kinesiske sopp
1 and
50g/2oz røkt skinke, kuttet i strimler
100g/4oz bambusskudd, kuttet i strimler
2 vårløk (skålløk), kuttet i strimler
2 skiver ingefærrot, kuttet i strimler
5 ml/1 ts salt

Bløtlegg soppen i varmt vann i 30 minutter og tøm deretter. Kast stilkene og skjær hettene i strimler. Ha alle ingrediensene i en varmefast bolle og legg dem i en kjele fylt med vann slik at de kommer to tredjedeler opp i bollen. Kok opp, dekk til og la det småkoke i ca. 2 timer til anda er kokt, tilsett eventuelt kokende vann.

And med bønnespirer

Server 4

225g/8oz bønnespirer

45 ml/3 ss peanøttolje.

450g/1lb kokt andekjøtt

15 ml/1 ss østerssaus

15 ml/1 ss risvin eller tørr sherry

30 ml/2 ss vann

2,5 ml/½ ts salt

Blancher bønnespirene i kokende vann i 2 minutter, og tøm deretter. Varm oljen, stek bønnespirene i 30 sekunder. Tilsett and, kok til den er gjennomvarme. Tilsett de resterende ingrediensene og kok i 2 minutter for å blande smakene. Server umiddelbart.

Braisert and

Server 4

4 vårløk (skålløk), hakket
1 skive ingefærrot, hakket
120 ml/4 fl oz/½ kopp soyasaus
30 ml/2 ss risvin eller tørr sherry
1 and
120 ml/4 fl oz/½ kopp peanøttolje (peanøttolje).
600 ml/1 pt/2½ kopper vann
15 ml/1 ss brunt sukker

Bland vårløk, ingefær, soyasaus og vin eller sherry sammen og gni det over innsiden og utsiden av fisken. Varm oljen og stek anda lett brunet på alle sider. Tapp av oljen. Tilsett vannet og resten av soyasausblandingen, kok opp, dekk til og la det småkoke i 1 time. Tilsett sukkeret og lokk og la det småkoke i ytterligere 40 minutter til anda er mør.

Dampet and med selleri

Server 4

350 g/12 oz kokt and, i skiver

1 hode selleri

250 ml/8 fl oz/1 kopp kyllingkraft

2,5 ml/½ ts salt

5 ml/1 ts sesamolje

1 tomat, i terninger

Legg anda på en damprist. Skjær sellerien i 7,5 cm/3 lengder og ha i en panne. Hell i kraften, smak til med salt og sett dampkokeren over kjelen. Kok opp kraften og la det småkoke i ca 15 minutter, til sellerien er mør og anda er gjennomvarmet. Anrett and og selleri på en oppvarmet tallerken, dryss sellerien med sesamolje og server pyntet med tomatbåter.

And med ingefær

Server 4

350 g/12 oz andebryst, i tynne skiver

1 egg, lett pisket

5 ml/1 ts soyasaus

5 ml/1 ts maismel (maisstivelse)

5 ml/1 ts peanøttolje.

olje til frityrsteking

50g/2oz bambusskudd

50 g/2 oz mangetout (snøerter)

2 skiver ingefærrot, hakket

15 ml/1 ss vann

2,5 ml/½ ts sukker

2,5 ml/½ teskje risvin eller tørr sherry

2,5 ml/½ ts sesamolje

Bland and med egg, soyasaus, maismel og olje og la stå i 10 minutter. Varm oljen og stek and og bambusskudd til de er kokte og gyldenbrune. Fjern fra pannen og renn godt av. Hell av alt unntatt 15 ml/1 ss olje fra pannen og rør anda, bambusskudd, mangetout, ingefær, vann, sukker og vin eller sherry i 2 minutter. Server drysset med sesamolje.

And med grønne bønner

Server 4

1 and

60 ml/4 ss peanøttolje.

2 fedd hvitløk, knust

2,5 ml/½ ts salt

1 løk, hakket

15 ml/1 ss revet ingefær

45 ml/3 ss soyasaus

120 ml/4 fl oz/½ kopp risvin eller tørr sherry

60 ml/4 ss tomatketchup (catsup)

45 ml/3 ss vineddik

300 ml/½ pt/1 ¼ kopper kyllingkraft

450 g grønne bønner, i skiver

klype nykvernet pepper

5 dråper chiliolje

15 ml/1 ss maismel (maisstivelse)

30 ml/2 ss vann

Skjær anda i 8 eller 10 biter. Varm oljen og stek til den er gyldenbrun. Overfør til en bolle. Tilsett hvitløk, salt, løk, ingefær, soyasaus, vin eller sherry, tomatketchup og vineddik. Bland, dekk til og mariner i kjøleskapet i 3 timer.

Varm opp oljen igjen, tilsett and, kraft og marinade, kok opp, legg på lokk og la det småkoke i 1 time. Tilsett bønnene, dekk til og la det småkoke i 15 minutter. Tilsett pepper og chiliolje. Bland maismelet med vannet, rør det inn i kjelen og la det småkoke under omrøring til sausen tykner.

Frityrstekt dampet and

Server 4

1 and

salt og nykvernet pepper

olje til frityrsteking

hoisinsaus

Krydre anda med salt og pepper og legg den i en varmefast bolle. Ha det i en kjele fylt med vann slik at det kommer to tredjedeler opp i bollen, kok opp, sett på lokket og la det småkoke i ca. 1½ time, til anda er mør. Tøm og la avkjøles.

Varm oljen og stek anda til den er sprø og gyllenbrun. Fjern og tøm godt. Skjær i passe biter og server med hoisinsaus.

And med eksotisk frukt

Server 4

4 andebrystfileter, kuttet i strimler

2,5 ml/½ ts femkrydderpulver

30 ml/2 ss soyasaus

15 ml/1 ss sesamolje

15 ml/1 ss peanøttolje.

3 stilker selleri i terninger

2 ananasskiver i terninger

100 g/4 oz melon, i terninger

100 g litchi, halvert

130 ml/½ kopp kyllingkraft

30 ml/2 ss tomatpuré (pasta)

30 ml/2 ss hoisinsaus

10 ml/2 ts vineddik

klype brunt sukker

Legg anda i en bolle. Bland femkrydderspulveret, soyasausen og sesamolje, hell over anda og mariner i 2 timer, rør av og til. Varm oljen og stek anda i 8 minutter. Fjern fra pannen. Tilsett selleri og frukt og stek i 5 minutter. Ha anda tilbake i pannen med de resterende ingrediensene, kok opp og la det småkoke under omrøring i 2 minutter før servering.

Braisert and med kinesiske blader

Server 4

1 and

30 ml/2 ss risvin eller tørr sherry

30 ml/2 ss hoisinsaus

15 ml/1 ss maismel (maisstivelse)

5 ml/1 ts salt

5 ml/1 ts sukker

60 ml/4 ss peanøttolje.

4 vårløk (skålløk), hakket

2 fedd hvitløk, knust

1 skive ingefærrot, hakket

75 ml/5 ss soyasaus

600 ml/1 pt/2½ kopper vann

225g/8oz kinesiske blader, strimlet

Skjær anda i ca 6 biter. Bland vin eller sherry, hoisinsaus, maismel, salt og sukker sammen og gni det over anda. La stå i 1 time. Varm oljen og fres vårløk, hvitløk og ingefær i noen sekunder. Tilsett and og stek til den er lett brunet på alle sider. Tøm av overflødig fett. Hell i soyasaus og vann, kok opp, dekk til og la det småkoke i ca 30 minutter. Tilsett de kinesiske bladene, dekk til igjen og la det småkoke i ytterligere 30 minutter til anda er mør.

Full Duck

Server 4

2 vårløk (skålløk), hakket
2 fedd hvitløk, finhakket
1,5 l/2½ pts/6 kopper vann
1 and
450 ml/¾ pt/2 kopper risvin eller tørr sherry

Ha vårløk, hvitløk og vann i en stor kjele og kok opp. Tilsett and, kok opp, dekk til og la det småkoke i 45 minutter. Tøm godt, ta vare på væsken til oppbevaring. La anda avkjøles og avkjøl natten over. Skjær anda i biter og legg dem i en stor krukke med skrutopp. Hell vinen eller sherryen over og avkjøl i ca. 1 uke før avtapping og servering kald.

Fem-krydder and

Server 4

150 ml/¼ pt/sjenerøs ½ kopp risvin eller tørr sherry

150 ml/¼ pt/sjenerøs ½ kopp soyasaus

1 and

10 ml/2 ts femkrydderpulver

Kok opp vin eller sherry og soyasaus. Tilsett anda og la det småkoke, snu, i ca 5 minutter. Fjern anda fra pannen og gni femkrydderpulveret inn i skinnet. Legg fuglen tilbake i pannen og tilsett nok vann til å halve dekke anda. Kok opp, legg på lokk og la det småkoke i ca. 1½ time, til anda er mør, snu og tråkle ofte. Skjær anda i 5 cm/2 biter og server varm eller kald.

Andestekt med ingefær

Server 4

1 and

2 skiver ingefærrot, revet

2 vårløk (skålløk), hakket

15 ml/1 ss maismel (maisstivelse)

30 ml/2 ss soyasaus

30 ml/2 ss risvin eller tørr sherry

2,5 ml/½ ts salt

45 ml/3 ss peanøttolje.

Fjern kjøttet fra beina og skjær i biter. Bland kjøttet med alle de resterende ingrediensene bortsett fra oljen. La stå i 1 time. Varm oljen og stek anda med marinaden i ca 15 minutter, til anda er mør.

And med skinke og purre

Server 4

1 and

450g/1lb røkt skinke

2 purre

2 skiver ingefærrot, hakket

45 ml/3 ss risvin eller tørr sherry

45 ml/3 ss soyasaus

2,5 ml/½ ts salt

Legg anda i en gryte og dekk bare med kaldt vann. Kok opp, dekk til og la det småkoke i ca 20 minutter. Tøm og reserver 450 ml/¾ pts/2 kopper buljong. La anda avkjøles litt, skjær deretter kjøttet fra bena og skjær i 5 cm/2 firkanter. Skjær skinken i lignende biter. Skjær av lange biter av purre og rull en skive and og skinke inni bladet og surr med hyssing. Legg i en varmefast bolle. Tilsett ingefær, vin eller sherry, soyasaus og salt til den reserverte kraften og hell over anderullene. Plasser bollen i en panne fylt med vann slik at den kommer to tredjedeler opp på sidene av bollen. Kok opp, legg på lokk og la det småkoke i ca 1 time til anda er mør.

Honningstekt and

Server 4

1 and

salt

3 fedd hvitløk, knust

3 vårløk (skålløk), hakket

45 ml/3 ss soyasaus

45 ml/3 ss risvin eller tørr sherry

45 ml/3 ss honning

200 ml/7 fl oz/liten 1 kopp kokende vann

Tørk anda og gni inn med salt innvendig og utvendig. Bland hvitløk, vårløk, soyasaus og vin eller sherry, og del deretter blandingen i to. Bland honningen i den ene halvdelen og gni den over den andre og la den tørke. Tilsett vannet til den resterende honningblandingen. Hell soyasausblandingen i andehulen og legg den på en rist i en langpanne med litt vann i bunnen. Stek i en forvarmet ovn ved 180°C/350°F/gassmerke 4 i ca. 2 timer, til anda er mør, og dryss over den resterende honningblandingen under hele matlagingen.

Fuktig andestekt

Server 4

6 vårløk (skålløk), hakket

2 skiver ingefærrot, hakket

1 and

2,5 ml/½ ts malt anis

15 ml/1 ss sukker

45 ml/3 ss risvin eller tørr sherry

60 ml/4 ss soyasaus

250 ml/8 fl oz/1 kopp vann

Ha halvparten av vårløken og ingefæren i en stor tykkbunnet kjele. Legg resten i hulrommet på anda og tilsett det i pannen. Tilsett alle de resterende ingrediensene unntatt hoisinsausen, kok opp, dekk til og la det småkoke i ca. 1½ time, snu av og til. Ta anda ut av pannen og la den tørke i ca 4 timer.

Legg anda på en rist i en langpanne fylt med litt kaldt vann. Stek i en forvarmet ovn ved 230°C/450°F/gassmerke 8 i 15 minutter, snu og stek i ytterligere 10 minutter til den er sprø. I mellomtiden, varm opp den reserverte væsken og hell over anda for å servere.

Andestekt med sopp

Server 4

1 and

75 ml/5 ss peanøttolje.

45 ml/3 ss risvin eller tørr sherry

15 ml/1 ss soyasaus

15 ml/1 ss sukker

5 ml/1 ts salt

en klype pepper

2 fedd hvitløk, knust

225 g/8 oz sopp, halvert

600 ml/1 pt/2½ kopper kyllingkraft

15 ml/1 ss maismel (maisstivelse)

30 ml/2 ss vann

5 ml/1 ts sesamolje

Skjær anda i 5 cm/2 biter. Varm 45 ml/3 ss olje og stek anda til den er lett brunet på alle sider. Tilsett vin eller sherry, soyasaus, sukker, salt og pepper og kok i 4 minutter. Fjern fra pannen. Varm opp den resterende oljen og stek hvitløken til den er lett brun. Tilsett soppen og rør til den er belagt med olje, og ha deretter andeblandingen tilbake i kjelen og tilsett kraften. Kok opp, legg på lokk og la det småkoke i ca 1 time til anda er mør. Bland maismel og vann til en pasta og rør det inn i blandingen og la det småkoke under omrøring til sausen tykner. Hell over sesamolje og server.

And med to sopp

Server 4

6 tørkede kinesiske sopp

1 and

750 ml/1¼ pts/3 kopper kyllingkraft

45 ml/3 ss risvin eller tørr sherry

5 ml/1 ts salt

100g/4oz bambusskudd, kuttet i strimler

100g/4oz knappsopp

Bløtlegg soppen i varmt vann i 30 minutter og tøm deretter. Kast stilkene og halver hettene. Ha anda i en stor varmefast bolle med fond, vin eller sherry og salt og legg den i en panne fylt med vann slik at den kommer to tredjedeler opp på sidene av bollen. Kok opp, legg på lokk og la det småkoke i ca 2 timer til anda er mør. Ta ut av pannen og skjær kjøttet fra benet. Overfør kokevæsken til en separat panne. Ordne bambusskuddene og begge typer sopp i bunnen av dampkokeren, legg andekjøttet på igjen, dekk til og damp i ytterligere 30 minutter. Kok opp kokevæsken og hell over anda til servering.

Braisert and med løk

Server 4

4 tørkede kinesiske sopp

1 and

90 ml/6 ss soyasaus

60 ml/4 ss peanøttolje.

1 vårløk (skålløk), hakket

1 skive ingefærrot, hakket

45 ml/3 ss risvin eller tørr sherry

450g/1lb løk, skivet

100g/4oz bambusskudd, i skiver

15 ml/1 ss brunt sukker

15 ml/1 ss maismel (maisstivelse)

45 ml/3 ss vann

Bløtlegg soppen i varmt vann i 30 minutter og tøm deretter. Kast stilkene og skjær hettene i skiver. Gni inn 15 ml/1 ss soyasaus i anda. Reserver 15 ml/1 ss olje, varm opp den gjenværende oljen og stek vårløken og ingefæren lett brun. Tilsett and og stek til den er lett brunet på alle sider. Hell av overflødig fett. Tilsett vinen eller sherryen, den resterende soyasausen i pannen og akkurat nok vann til å nesten dekke anda. Kok opp, dekk til og la det småkoke i 1 time, snu av og til.

Varm opp den reserverte oljen og stek løken til den er myk. Ta av varmen og rør inn bambusskuddene og soppen, legg dem deretter til anda, legg på lokk og la det småkoke i ytterligere 30 minutter til anda er mør. Ta anda ut av pannen, kutt i porsjoner og legg på en varm tallerken. Kok opp væskene i pannen, tilsett sukker og maismel og la det småkoke under omrøring til blandingen koker og tykner. Hell and over til servering.

And med appelsin

Server 4

1 and
3 vårløk (skålløk), kuttet i biter
2 skiver ingefærrot, kuttet i strimler
1 skive appelsinskall
salt og nykvernet pepper

Ha anda i en stor kjele, bare dekk med vann og kok opp. Tilsett vårløk, ingefær og appelsinskall, legg på lokk og la det surre i ca. 1½ time, til anda er mør. Smak til med salt og pepper, hell av og server.

Appelsin stekt and

Server 4

1 and
2 fedd hvitløk, halvert
45 ml/3 ss peanøttolje.
1 løk
1 appelsin
120 ml/4 fl oz/½ kopp risvin eller tørr sherry
2 skiver ingefærrot, hakket
5 ml/1 ts salt

Gni hvitløken over anda innvendig og utvendig og pensle den deretter med olje. Stikk hull i den skrellede løken med en gaffel, legg den og den uskrellede appelsinen inne i andehulen og forsegl med et spyd. Legg anda på en rist over en langpanne fylt med litt varmt vann og stek i en forvarmet ovn ved 160°C/325°F/gassmerke 3 i ca. 2 timer. Kast væskene og ha anda tilbake i stekepannen. Hell over vinen eller sherryen og strø over ingefær og salt. Sett tilbake i ovnen i ytterligere 30 minutter. Kast løken og appelsinen og skjær anda i serveringsstykker. Hell pannesaften over anda for servering.

And med pærer og kastanjer

Server 4

225 g/8 oz kastanjer, med skall

1 and

45 ml/3 ss peanøttolje.

250 ml/8 fl oz/1 kopp kyllingkraft

45 ml/3 ss soyasaus

15 ml/1 ss risvin eller tørr sherry

5 ml/1 ts salt

1 skive ingefærrot, hakket

1 stor pære, skrelt og tykke skiver

15 ml/1 ss sukker

Kok kastanjene i 15 minutter og tøm dem deretter. Skjær anda i 5 cm/2 biter. Varm oljen og stek anda lett brunet på alle sider. Hell av overflødig olje, tilsett deretter kraft, soyasaus, vin eller sherry, salt og ingefær. Kok opp, dekk til og la det småkoke i 25 minutter, rør av og til. Tilsett kastanjene, dekk til og la det småkoke i ytterligere 15 minutter. Dryss pæren med sukker, ha den i pannen og la den småkoke i ca 5 minutter, til den er gjennomvarme.

Pekingand

Serverer 6

1 and

250 ml/8 fl oz/1 kopp vann

120 ml/4 fl oz/½ kopp honning

120 ml/½ kopp sesamolje

Til pannekakene:

250 ml/8 fl oz/1 kopp vann

225 g/8 oz/2 kopper allsidig mel

peanøttolje til steking

For dipper:

120 ml/4 fl oz/½ kopp hoisinsaus

30 ml/2 ss brunt sukker

30 ml/2 ss soyasaus

5 ml/1 ts sesamolje

6 vårløk (skålløk), i skiver på langs

1 agurk, kuttet i strimler

Anda skal være hel med skinnet intakt. Knyt halsen med hyssing og sy eller sy opp den nederste åpningen. Skjær en liten spalte i siden av halsen, stikk inn et sugerør og blås luft under huden til den er blåst opp. Heng anda over en kum og la den henge i 1 time.

Kok opp en kjele med vann, tilsett anda og kok i 1 minutt, fjern deretter og tørk godt. Kok opp vannet og rør inn honningen Gni blandingen over andeskinnet til den er mettet. Heng anda over en kum på et kjølig, luftig sted i ca 8 timer, til skinnet er hardt.

Heng anda eller legg den på en rist over en langpanne og stek i en forvarmet ovn ved 180°C/350°F/gassmerke 4 i ca. 1½ time, og dryss regelmessig med sesamolje.

For å lage pannekakene, kok opp vannet og tilsett deretter melet gradvis. Elt lett til deigen er myk, dekk til med et fuktig klede og la stå i 15 minutter. Kjevle ut på melet overflate og form til en lang sylinder. Skjær i 2,5 cm/1 skiver og flat til ca. 5 mm/¼ i tykk og pensle toppen med olje. Stables i par med de oljede overflatene i kontakt, og dryss lett med mel på utsiden. Kjevle ut parene til ca. 10 cm/4 på tvers og økt parvis i ca. 1 minutt på hver side til de er lett brune. Skille og legg til servering.

Forbered dippene ved å blande halvparten av hoisinsausen med sukkeret og blande den resterende hoisinsausen med soyasausen og sesamolje.

Ta anda ut av ovnen, skjær av skinnet og skjær det i firkanter, og skjær kjøttet i terninger. Anrett på separate tallerkener og server med pannekaker, dipp og tilbehør.

Braisert and med ananas

Server 4

1 and

400 g/14 oz kan ananasbiter i sirup

45 ml/3 ss soyasaus

5 ml/1 ts salt

klype nykvernet pepper

Ha anda i en tykkbunnet kjele, dekk bare med vann, kok opp, legg på lokk og la det småkoke i 1 time. Hell ananassirupen i pannen med soyasaus, salt og pepper, dekk til og la det småkoke i ytterligere 30 minutter. Tilsett ananasbitene og la det småkoke i ytterligere 15 minutter til anda er mør.

Andestek med ananas

Server 4

1 and

45 ml/3 ss maismel (maisstivelse)

45 ml/3 ss soyasaus

225g/8oz boks med ananas i sirup

45 ml/3 ss peanøttolje.

2 skiver ingefærrot, kuttet i strimler

15 ml/1 ss risvin eller tørr sherry

5 ml/1 ts salt

Skjær kjøttet fra benet og skjær i biter. Bland soyasausen med 30 ml/2 ss maismel og bland inn anda til den er godt dekket. La det stå i 1 time, rør av og til. Knus ananas og sirup og varm forsiktig i en panne. Bland det resterende maismelet med litt vann, rør i pannen og la det småkoke under omrøring til sausen tykner. Holde varm. Varm oljen og stek ingefæren til den er lett brun, kast deretter ingefæren. Tilsett anda og stek den lett brunet på alle sider. Tilsett vin eller sherry og salt og la det koke i ytterligere noen minutter til anda er kokt. Anrett anda på en oppvarmet tallerken, hell sausen over og server umiddelbart.

Ananas og ingefærand

Server 4

1 and

100g/4oz konservert ingefær i sirup

200 g/7 oz kan ananasbiter i sirup

5 ml/1 ts salt

15 ml/1 ss maismel (maisstivelse)

30 ml/2 ss vann

Legg anda i en varmefast bolle og legg den i en kjele fylt med vann slik at den kommer to tredjedeler opp på sidene av bollen. Kok opp, legg på lokk og la det småkoke i ca 2 timer til anda er mør. Ta ut anda og la den avkjøles litt. Fjern skinn og bein og skjær anda i biter. Anrett på en tallerken og hold varm.

Tøm sirupen fra ingefær og ananas i en panne, tilsett salt, maismel og vann. Kok opp under omrøring og la det småkoke i noen minutter under omrøring til sausen blir klar og tykner. Tilsett ingefær og ananas, rør gjennom og hell over anda til servering.

And med ananas og litchi

Server 4

4 andebryst
15 ml/1 ss soyasaus
1 fet stjerneanis
1 skive ingefærrot
peanøttolje til frityrsteking
90 ml/6 ss vineddik
100g/4oz/½ kopp brunt sukker
250 ml/½ kopp kyllingkraft
15 ml/1 ss tomatketchup (catsup)
200 g/7 oz kan ananasbiter i sirup
15 ml/1 ss maismel (maisstivelse)
6 hermetiske litchi
6 maraschino kirsebær

Legg and, soyasaus, anis og ingefær i en panne og dekk til med kaldt vann. Kok opp, skum og legg på lokk og la det småkoke i ca 45 minutter til anda er kokt. Tørk av og tørk. Friter i varm olje til den er sprø.

Bland i mellomtiden vineddik, sukker, buljong, tomatketchup og 30 ml/2 ss av ananassirupen i en panne, kok opp og la det småkoke i ca. 5 minutter til den er tykk. Rør inn frukten og varm gjennom før du heller over anda til servering.

And med svinekjøtt og kastanjer

Server 4

6 tørkede kinesiske sopp

1 and

225 g/8 oz kastanjer, med skall

225 g/8 oz magert svinekjøtt, i terninger

3 vårløk (skålløk), hakket

1 skive ingefærrot, hakket

250 ml/8 fl oz/1 kopp soyasaus

900 ml/1 ½ pts/3 ¾ kopper vann

Bløtlegg soppen i varmt vann i 30 minutter og tøm deretter. Kast stilkene og skjær hettene i skiver. Ha i en stor kjele med alle de resterende ingrediensene, kok opp, legg på lokk og la det småkoke i ca 1½ time til anda er kokt.

And med poteter

Server 4

75 ml/5 ss peanøttolje.

1 and

3 fedd hvitløk, knust

30 ml/2 ss svart bønnesaus

10 ml/2 ts salt

1,2 l/2 pkt/5 kopper vann

2 purre, tykke skiver

15 ml/1 ss sukker

45 ml/3 ss soyasaus

60 ml/4 ss risvin eller tørr sherry

1 fet stjerneanis

900g/2lb poteter, tykke skiver

½ hode kinesiske blader

15 ml/1 ss maismel (maisstivelse)

30 ml/2 ss vann

kvister flatbladpersille

Varm 60 ml/4 ss olje og stek anda til den er brun på alle sider. Knyt eller sy opp halsenden og legg andehalsen ned i en dyp bolle. Varm opp den resterende oljen og stek hvitløken til den er lett brun. Tilsett den svarte bønnesausen og saltet og kok i 1 minutt. Tilsett vann, purre, sukker, soyasaus, vin eller sherry og stjerneanis og kok opp. Hell 120 ml/8 fl oz/1 kopp av blandingen i andehulen og knyt eller sy for å feste. Kok opp resten av blandingen i pannen. Tilsett and og poteter, legg på lokk og la det småkoke i 40 minutter, snu en gang. Anrett de kinesiske bladene på en tallerken. Ta anda ut av pannen, skjær den i 5 cm/2 biter og legg på serveringsfatet med potetene. Bland maismelet til en pasta med vannet, rør det inn i kjelen og la det småkoke under omrøring til sausen tykner.

Rødkokt and

Server 4

1 and
4 vårløk (skålløk), kuttet i biter
2 skiver ingefærrot, kuttet i strimler
90 ml/6 ss soyasaus
45 ml/3 ss risvin eller tørr sherry
10 ml/2 ts salt
10 ml/2 ts sukker

Legg anda i en tykk panne, bare dekk med vann og kok opp. Tilsett vårløk, ingefær, vin eller sherry og salt, legg på lokk og la det småkoke i ca 1 time. Tilsett sukkeret og la det småkoke i ytterligere 45 minutter til anda er mør. Skjær anda på en tallerken og server varm eller kald, med eller uten saus.

Stekt and i risvin

Server 4

1 and

500 ml/1¾ kopper risvin eller tørr sherry

5 ml/1 ts salt

45 ml/3 ss soyasaus

Legg anda i en tykkbunnet kjele med sherry og salt, kok opp, legg på lokk og la det småkoke i 20 minutter. Tøm anda, ta vare på væske og gni med soyasaus. Legg på en rist i en stekepanne fylt med litt varmt vann og stek i en forvarmet ovn ved 180°C/350°F/gassmerke 4 i ca. 1 time, og ringle regelmessig med den reserverte vinvæsken.

Dampet and med risvin

Server 4

1 and

4 vårløk (skålløk), halvert

1 skive ingefærrot, hakket

250 ml/1 kopp risvin eller tørr sherry

30 ml/2 ss soyasaus

klype salt

Blancher anda i kokende vann i 5 minutter, og la den renne av. Ha i en varmefast bolle med de resterende ingrediensene. Plasser bollen i en panne fylt med vann slik at den kommer to tredjedeler opp på sidene av bollen. Kok opp, legg på lokk og la det småkoke i ca 2 timer til anda er mør. Kast vårløk og ingefær før servering.

Velsmakende and

Server 4

45 ml/3 ss peanøttolje.

4 andebryst

3 vårløk (skålløk), i skiver

2 fedd hvitløk, knust

1 skive ingefærrot, hakket

250 ml/8 fl oz/1 kopp soyasaus

30 ml/2 ss risvin eller tørr sherry

30 ml/2 ss brunt sukker

5 ml/1 ts salt

450 ml/¾ pt/2 kopper vann

15 ml/1 ss maismel (maisstivelse)

Varm oljen og stek andebrystene til de er gyldenbrune. Tilsett vårløk, hvitløk og ingefær og stek i 2 minutter. Tilsett soyasaus, vin eller sherry, sukker og salt og bland godt. Tilsett vannet, kok opp, legg på lokk og la det småkoke i ca. 1½ time, til kjøttet er veldig mørt. Bland maismelet med litt vann og rør det inn i kjelen og la det småkoke under omrøring til sausen tykner.

Smakfull and med grønne bønner

Server 4

45 ml/3 ss peanøttolje.

4 andebryst

3 vårløk (skålløk), i skiver

2 fedd hvitløk, knust

1 skive ingefærrot, hakket

250 ml/8 fl oz/1 kopp soyasaus

30 ml/2 ss risvin eller tørr sherry

30 ml/2 ss brunt sukker

5 ml/1 ts salt

450 ml/¾ pt/2 kopper vann

225 g/8 oz grønne bønner

15 ml/1 ss maismel (maisstivelse)

Varm oljen og stek andebrystene til de er gyldenbrune. Tilsett vårløk, hvitløk og ingefær og stek i 2 minutter. Tilsett soyasaus, vin eller sherry, sukker og salt og bland godt. Tilsett vannet, kok opp, dekk til og la det småkoke i ca 45 minutter. Tilsett bønnene, dekk til og la det småkoke i ytterligere 20 minutter. Bland maismelet med litt vann og rør det inn i kjelen og la det småkoke under omrøring til sausen tykner.

Saktekokt and

Server 4

1 and

50 g/2 oz/½ kopp maismel (maisstivelse)

olje til frityrsteking

2 fedd hvitløk, knust

30 ml/2 ss risvin eller tørr sherry

30 ml/2 ss soyasaus

5 ml/1 ts revet ingefærrot

750 ml/1¼ pts/3 kopper kyllingkraft

4 tørkede kinesiske sopp

225g/8oz bambusskudd, i skiver

225 g/8 oz vannkastanjer, i skiver

10 ml/2 ts sukker

en klype pepper

5 vårløk (skålløk), i skiver

Skjær anda i porsjonsstørrelser. Reserver 30 ml/2 ss maismel og topp med det resterende maismelet. Støv av overflødig. Varm oljen og stek hvitløk og and til de er lett brune. Ta ut av pannen og la renne av på kjøkkenpapir. Legg anda i en stor gryte. Bland vinen eller sherryen, 15 ml/1 ss soyasaus og ingefæren sammen. Legg i pannen og kok over høy varme i 2 minutter. Tilsett halvparten av kraften, kok opp, dekk til og la det småkoke i ca 1 time til anda er mør.

Bløtlegg i mellomtiden soppen i varmt vann i 30 minutter og tøm deretter. Kast stilkene og skjær hettene i skiver. Tilsett sopp, bambusskudd og vannkastanjer til anda og kok, rør ofte, i 5 minutter. Skum eventuelt fett fra væsken. Bland resten av buljongen, maismel og soyasaus med sukker og pepper og rør inn i pannen. Kok opp under omrøring og la det deretter småkoke i ca 5 minutter til sausen tykner. Ha over i en oppvarmet serveringsbolle og server pyntet med vårløk.

Stekt and

Server 4

1 eggehvite, lett pisket

20 ml/1 ½ ss maismel (maisstivelse)

salt

450g/1lb andebryst, i tynne skiver

45 ml/3 ss peanøttolje.

2 vårløk (skålløk), kuttet i strimler

1 grønn paprika, kuttet i strimler

5 ml/1 ts risvin eller tørr sherry

75 ml/5 ss kyllingkraft

2,5 ml/½ ts sukker

Pisk eggehvitene med 15 ml/1 ss maismel og en klype salt. Tilsett den skivede anda og rør til anda er dekket. Varm oljen og stek anda til den er gjennomstekt og gyllen. Fjern anda fra pannen og tøm av alt unntatt 30 ml/2 ss olje. Tilsett vårløk og pepper og stek i 3 minutter. Tilsett vin eller sherry, kraft og sukker og kok opp. Bland det resterende maismelet med litt vann, rør det inn i sausen og la det småkoke under omrøring til sausen tykner. Rør inn and, varm gjennom og server.

And med søtpoteter

Server 4

1 and

250 ml/8 fl oz/1 kopp peanøttolje (peanøttolje).

225 g/8 oz søtpoteter, skrelt og i terninger

2 fedd hvitløk, knust

1 skive ingefærrot, hakket

2,5 ml/½ ts kanel

2,5 ml/½ ts malt nellik

klype malt anis

5 ml/1 ts sukker

15 ml/1 ss soyasaus

250 ml/8 fl oz/1 kopp kyllingkraft

15 ml/1 ss maismel (maisstivelse)

30 ml/2 ss vann

Skjær anda i 5 cm/2 biter. Varm oljen og stek potetene til de er gyldenbrune. Ta ut av pannen og tøm av alt unntatt 30 ml/2 ss olje. Tilsett hvitløk og ingefær og stek i 30 sekunder. Tilsett and og stek til den er lett brunet på alle sider. Tilsett krydder, sukker, soyasaus og buljong og kok opp. Tilsett potetene, legg på lokk og la det småkoke i ca 20 minutter, til anda er mør. Bland maismelet til en pasta med vannet og rør det inn i kjelen og la det småkoke under omrøring til sausen tykner.

Søt og sur and

Server 4

1 and

1,2 1/2 poeng/5 kopper kyllingkraft
204

2 løk

2 gulrøtter

2 fedd hvitløk, i skiver

15 ml/1 ss syltekrydder

10 ml/2 ts salt

10 ml/2 ts peanøttolje.

6 vårløk (skålløk), hakket

1 mango, skrelt og i terninger

12 litchi, halvert

15 ml/1 ss maismel (maisstivelse)

15 ml/1 ss vineddik

10 ml/2 ts tomatpuré (pasta)

15 ml/1 ss soyasaus

5 ml/1 ts femkrydderpulver

300 ml/½ pt/1 ¼ kopper kyllingkraft

Legg and i en dampkurv over en panne med kraft, løk, gulrøtter, hvitløk, syltet krydder og salt. Dekk til og damp i 2½ time. Avkjøl anda, dekk til og avkjøl i 6 timer. Fjern kjøttet fra beina og skjær i terninger. Varm oljen og stek and og vårløk til de er sprø. Rør inn de resterende ingrediensene, kok opp og la det småkoke i 2 minutter under omrøring til sausen tykner.

Mandarin and

Server 4

1 and

60 ml/4 ss peanøttolje.

1 tørket mandarinskall

900 ml/1½ poeng/3¾ kopper kyllingkraft

5 ml/1 ts salt

Heng and til tørk i 2 timer. Varm opp halvparten av oljen og stek den andre til den er lett brun. Overfør til en stor varmefast bolle. Varm opp den resterende oljen og stek mandarinskallet i 2 minutter, og legg deretter inn i anda. Hell kraften over anda og smak til med salt. Sett bollen på rist i en dampkoker, dekk til og damp i ca 2 timer til anda er mør.

And med grønnsaker

Server 4

1 stor and, kuttet i 16 biter

salt

300 ml/½ pt/1 ¼ kopper vann

300 ml/½ pt/1 ¼ kopper tørr hvitvin

120 ml/4 fl oz/½ kopp vineddik

45 ml/3 ss soyasaus

30 ml/2 ss plommesaus

30 ml/2 ss hoisinsaus

5 ml/1 ts femkrydderpulver

6 vårløk (skålløk), hakket

2 gulrøtter, hakket

5 cm/2 i hvit reddik, hakket

50 g/2 oz kinakål, i terninger

nykvernet pepper

5 ml/1 ts sukker

Ha andestykkene i en bolle, dryss over salt og tilsett vann og vin. Tilsett vineddik, soyasaus, plommesaus, hoisinsaus og femkrydderpulver, kok opp, legg på lokk og la det småkoke i ca. 1 time. Tilsett grønnsakene i pannen, ta av lokket og la det småkoke i ytterligere 10 minutter. Smak til med salt, pepper og sukker og la deretter avkjøles. Dekk til og avkjøl over natten. Skum av fett, og varm deretter anda i sausen i 20 minutter.

Andestek med grønnsaker

Server 4

4 tørkede kinesiske sopp

1 and

10 ml/2 ts maismel (maisstivelse)

15 ml/1 ss soyasaus

45 ml/3 ss peanøttolje.

100g/4oz bambusskudd, kuttet i strimler

50g/2oz vannkastanjer, kuttet i strimler

120 ml/½ kopp kyllingkraft

15 ml/1 ss risvin eller tørr sherry

5 ml/1 ts salt

Bløtlegg soppen i varmt vann i 30 minutter og tøm deretter. Kast stilkene og skjær hettene i terninger. Fjern kjøttet fra beina og skjær i biter. Bland maismel og soyasaus, tilsett andekjøttet og la stå i 1 time. Varm oljen og stek anda lett brunet på alle sider. Fjern fra pannen. Tilsett sopp, bambusskudd og vannkastanjer i pannen og stek i 3 minutter. Tilsett kraft, vin eller sherry og salt, kok opp og la det småkoke i 3 minutter. Ha anda tilbake i kjelen, dekk til og la det småkoke i ytterligere 10 minutter til anda er mør.

Hvitkokt and

Server 4

1 skive ingefærrot, hakket
250 ml/1 kopp risvin eller tørr sherry
salt og nykvernet pepper
1 and
3 vårløk (skålløk), hakket
5 ml/1 ts salt
100g/4oz bambusskudd, i skiver
100 g/4 oz røkt skinke, i skiver

Bland ingefær, 15 ml/1 ss vin eller sherry, litt salt og pepper. Gni over anda og la stå i 1 time. Ha fuglen i en tykkbunnet panne med marinaden og tilsett vårløk og salt. Tilsett nok kaldt vann til å dekke anda, kok opp, dekk til og la det småkoke i ca 2 timer, til anda er mør. Tilsett bambusskuddene og skinken og la det småkoke i ytterligere 10 minutter.

And med vin

Server 4

1 and

15 ml/1 ss gul bønnesaus

1 løk, i skiver

1 flaske tørr hvitvin

Gni anda innvendig og utvendig med den gule bønnesausen. Legg løken inne i hulrommet. Kok opp vinen i en stor kjele, tilsett anda, kok opp igjen, dekk til og la det småkoke så forsiktig som mulig i ca 3 timer til anda er mør. Hell av og skjær til servering.

Vin-damp-and

Server 4

1 and
Selleri salt
200 ml/7 fl oz/liten 1 kopp risvin eller tørr sherry
30 ml/2 ss hakket fersk persille

Gni inn anda med sellerisalt innvendig og utvendig og legg den i en dyp ildfast form. Plasser en ildfast kopp med vin i hulrommet på anda. Sett fatet på rist i en dampkoker, dekk til og damp over kokende vann i ca 2 timer til anda er mør.

Stekt fasan

Server 4

900g/2lb fasan

30 ml/2 ss soyasaus

4 egg, pisket

120 ml/4 fl oz/½ kopp peanøttolje (peanøttolje).

Utbein fasanen og skjær kjøttet i skiver. Bland med soyasausen og la stå i 30 minutter. Tøm fasanen og dypp den i eggene. Varm opp oljen og stek fasanen raskt til den er gyldenbrun. Tøm godt før servering.

Fasan med mandler

Server 4

45 ml/3 ss peanøttolje.

2 vårløk (skålløk), hakket

1 skive ingefærrot, hakket

225g/8oz fasan, veldig tynne skiver

50 g skinke, strimlet

30 ml/2 ss soyasaus

30 ml/2 ss risvin eller tørr sherry

5 ml/1 ts sukker

5 ml/1 ts nykvernet pepper

2,5 ml/½ ts salt

100 g/4 oz/1 kopp flakede mandler

Varm oljen og stek vårløk og ingefær lett brun. Tilsett fasan og skinke og kok i 5 minutter til nesten kokt. Tilsett soyasaus, vin eller sherry, sukker, pepper og salt og kok i 2 minutter. Tilsett mandlene og stek i 1 minutt til ingrediensene er godt blandet.

Vilt med tørket sopp

Server 4

8 tørkede kinesiske sopp

450g/1lb viltfilet, kuttet i strimler

15 ml/1 ss einebær, banket

15 ml/1 ss sesamolje

30 ml/2 ss soyasaus

30 ml/2 ss hoisinsaus

5 ml/1 ts femkrydderpulver

30 ml/2 ss peanøttolje.

6 vårløk (skålløk), hakket

30 ml/2 ss honning

30 ml/2 ss vineddik

Bløtlegg soppen i varmt vann i 30 minutter og tøm deretter. Kast stilkene og skjær hettene i skiver. Legg viltkjøttet i en bolle. Bland einebær, sesamolje, soyasaus, hoisinsaus og 5-krydders pulver, hell over viltkjøttet og mariner i minst 3 timer, rør av og til. Varm oljen og stek kjøttet i 8 minutter til det er gjennomstekt. Fjern fra pannen. Tilsett vårløk og sopp i pannen og stek i 3 minutter. Ha kjøttet tilbake i pannen med honning og vineddik og varm gjennom under omrøring.

Saltede egg

Gjør 6

1,2 l/2 pkt/5 kopper vann
100 g/4 oz steinsalt
6 andeegg

Kok opp vannet med saltet og rør til saltet har løst seg opp. La avkjøles. Hell saltlaken i en stor krukke, tilsett eggene, dekk til og la stå i 1 måned. Hardkok eggene før du damper dem med ris.

Soyaegg

Server 4

4 egg

120 ml/4 fl oz/½ kopp soyasaus

120 ml/4 fl oz/½ kopp vann

50 g/2 oz/¼ kopp brunt sukker

½ salat, strimlet

2 tomater, i skiver

Ha eggene i en kjele, dekk med kaldt vann, kok opp og kok i 10 minutter. Tøm og avkjøl under rennende vann. Ha eggene tilbake i pannen og tilsett soya, vann og sukker. Kok opp, dekk til og la det småkoke i 1 time. Anrett salaten på en tallerken. Skjær eggene i kvarte og legg på toppen av salaten. Server pyntet med tomater.

Te egg

Serverer 4-6

6 egg

10 ml/2 ts salt

3 kinesiske teposer

45 ml/3 ss soyasaus

1 feit stjerneanis, brutt fra hverandre

Ha eggene i en kjele, dekk med kaldt vann, kok opp og la det småkoke i 15 minutter. Fjern fra varmen og legg eggene i kaldt vann til de er avkjølt. La stå i 5 minutter. Fjern eggene fra pannen og knekk forsiktig skjellene, men ikke fjern dem. Ha eggene tilbake i kjelen og dekk med kaldt vann. Tilsett de resterende ingrediensene, kok opp og la det småkoke i 1½ time. Avkjøl og fjern skallet.

Eggkrem

Server 4

4 egg, pisket

375 ml/13 fl oz/1½ dl kyllingkraft

2,5 ml/½ ts salt

1 vårløk (skålløk), hakket

100g/4oz skrellede reker, grovhakkede

15 ml/1 ss soyasaus

15 ml/1 ss peanøttolje.

Bland alle ingrediensene unntatt oljen i en dyp bolle og legg bollen i en ildfast form fylt med 2,5 cm vann. Dekk til og damp i 15 minutter. Varm opp oljen og hell den over kremen. Dekk til og damp i ytterligere 15 minutter.

Dampet egg

Server 4

250 ml/8 fl oz/1 kopp kyllingkraft
4 egg, lett pisket
15 ml/1 ss risvin eller tørr sherry
5 ml/1 ts peanøttolje.
2,5 ml/½ ts salt
2,5 ml/½ ts sukker
2 vårløk (skålløk), hakket
15 ml/1 ss soyasaus

Pisk eggene lett sammen med vin eller sherry, olje, salt, sukker og vårløk. Varm buljongen og rør den sakte inn i eggedosisen og hell den i en grunn ildfast form. Sett fatet på rist i en dampkoker, dekk til og damp i ca 30 minutter over lett kokende vann til blandingen har konsistens som tykk krem. Dryss over soyasaus før servering.

www.ingramcontent.com/pod-product-compliance
Lightning Source LLC
Chambersburg PA
CBHW070403120526
44590CB00014B/1239